'비즈니스 일본어'에서
'일본어의 비즈니스 인터액션'으로

비즈니스 일본어에서

일본어의 비즈니스 인터액션으로

정규필 지음

산지니

발간사

2017년 현재, 한국과 일본이 국교 정상화를 맺은 지 50년을 넘어섰습니다. 그동안, '역사문제'와 '군 위안부 문제' 등으로 인한 정치 및 외교 차원에서의 교섭이 반복되고 있습니다. 그러면서도 '2002년 축구 한일 월드컵의 공동개최'와 '2015년 수교 50주년' 등을 계기로 다양한 민간 차원의 교류도 꾸준히 진행되고 있습니다. 이렇듯, 한일관계의 특징은 서로 다른 두 차원이 공존하고 있다는 것이며, 이 점이 양국 간의 경제, 사회, 교육 등과 관련된 협력사업에 때로는 긍정적으로, 때로는 부정적으로, 영향을 미치기도 합니다.

특히, 민간 차원의 교류와 관련하여, 한국을 방문하는 일본인이 연간 200만 명에 달하고 있으며, 일본을 방문하는 한국인도 연간 약 200만 명에서 2015년에는 400만 명을 넘어서고 있습니다. 이렇듯, 양국은 연간 약 400만 명 이상의 인적 교류를 지속하고 있으며, 동시에 자국 내에서 상대국의 의식주와 관련된 다양한 상품을 취급하는 상업시설도 늘어나고 있습니다. 이러한 시설의 증가는 양국 간의 비즈니스 교류도 활성화시키고 있으며, 그 현장에서 필요한 일본어의 운용 능력 및 행동에 대한 교육의 필요성도 높아지고 있습니다. 본 서에서는 이러한 것들에 대해 생각해 보고자 합니다.

비즈니스 현장에서 필요로 하는 일본어에 관해 생각할 때, '비즈니스 일본어'라는 명칭하에, 일본어의 단어 및 어휘, 발음, 문장, 경어 등을 정확하게 암기하여 구사하기 위한 언어능력만을 강조하는 목소리가 적지 않습니다. 이에 대해, 그 현장에서 한국인 일본어 화자(학습자 포함)가 일본인과 함께 일본어로 다양한 일을 수행하는 데 과연 언어능력만 요구되는가? 라는 것에 대해 생각해 볼 필요가 있다고 생각합니다.

가령, 한국인이 새로운 거래처에서 일본인과 만나 일본어로 자기소개를 한다고 합시다. 이런 경우, 위의 언어능력 외에도 많은 것들이 필요합니다. 즉, 그 언어능력을 언제, 어디서, 어떤 상대방(직급관계, 이해관계 등)과 같은 사회언어학적 요소들을 신속하게 고려하면서 언어화하지 않으면 안 됩니다. 동시에, 상황에 맞는 복장을 갖추어야 하며, 인사행동(머리 숙여 인사하기, 악수하기 등)과 명함교환 행동도 취해야 합니다. 또한, 서로 공유할 수 있는 다양한 화제(정치, 경제, 사회, 문화 등)에 대해 소통할 수 있어야 하며, 화제가 사업 분야로 발전할 경우, 그 분야에 대해 적절히 이해하면서 말 할 수도 있어야 합니다. 이처럼, 자기 소개만을 생각해 보더라도 언어능력뿐만 아니라, 사회언어학적 능력과 전문분야와 관련된 지식 및 정보 등을 이해하고 활용하기 위한 다양한 능력 및 행동들이 동적이고 복합적으로 밀접하게 연관되어 있다는 것을 알 수 있습니다. 본 서에서는 이러한 것들을 별개로 보지 않고 통합적으로 관찰할 수 있는 '상호행위(interaction)'라는 개념을 통해 생각하고자 합니다.

즉, 본 서는 일본어교육학과 사회언어학을 함께 생각하는, '일본어에 의한 비즈니스 장면에서의 인터액션'을 알리는 전공서이자 입문서로서, 관련 분야에 흥미를 가지고 있는 자부터, 전공자와 교육자 그리고 일본어로 비즈니스를 구상하고 있는 자까지 다양한 독자층을 대상으로 삼고 있습니다. 이 때문에, '인터액션'과 관련된 이론을 독자 여러분들이 이해하기 쉽도록 한국어로 집필하였습니다. 또한, 필자가 실제 일본의 비즈니스 현장에서 한국인이 일본인과 함께 일본어로 다양한 일을 어떻게 수행하고 있는지 그 과정에 대한 데이터를 수집하였으며, 이것을 위의 이론을 사용하여 분석하였습니다. 그 결과를 근거로 일본어교육학—특히, 일본어의 비즈니스 인터액션 교육—과 사회언어학에 대한 제안을 하였습니다.

마지막으로, 본 서가 출판되기까지 기획 의도에 맞게 세심한 수정과 조언을 해주신 출판사 산지니의 관계자님께 깊이 감사의 말씀을 드립니다.

2017년 6월
정규필

목차

제1장

서론

흔히, 한국과 일본의 관계에 대해 "가깝고도 먼 나라"라고 표현하기도 합니다. 그 이유는 역사적으로 불행한 시대에 관한 서로 다른 인식과 독도(일본명: 다케시마 · 竹島)의 영유권을 둘러싼 영토문제 등이 얽혀 있기 때문이라고 말할 수 있습니다. 이렇듯 복잡한 한일관계 속에서 양국 간의 미래지향적 관계형성을 위한 다채로운 움직임도 나타나고 있습니다. 1998년 한국정부가 내세운 문화개방정책에 의해, 동년 10월부터 일본의 대중문화가 개방되기 시작했습니다.

개방정책이 진행되면서, 한국 사람들에게 일본은 신문이나 TV, 라디오 등과 같은 미디어를 통해 일상생활 속에서 의식하고 있는 이웃 나라로 발전하였으며, 이러한 의미를 생각하면, "가까운 나라"라고 할 수 있을 것입니다. 이에 비해, 일본 사람들에게 한국은, 일상생활 속에서 별로 의식되지 않았던 시간이 길게 지속된 것은 아닐까? 라는 생각이 듭니다. 정치와 같은 국가 차원의 움직임이 없는 한, 미디어 속에서 한국이 화제가 되는 경우는 많지 않았다고 생각됩니다. 이러한 의미에서 보면, 양국관계를 "먼 나라"라고 말할 수 있을 것 같습니다.

위와 같은 양국관계 속에서도 2002년 축구 월드컵의 한일공동개최와 2015년 양국수교 50주년을 거쳐오면서 민간을 중심으로 다양한 분야에서 지속적인 교류가 이루어지고 있습니다. 그 결과, 한국에서는 일본의 만화와 애니메이션, 게임, 패션, 요리, 생활용품 등의 대중문화와 관련된 콘텐츠를 일본어로 취급하고 있는 상업시설이 등장하는 거리가 나타나고 있습니다(정규필 2016). 한편, 일본에서도 2000년경부터 한국의 TV드라마와 영화, K-POP 등에 의한 일종의 "한류 붐"이 일어나, 이러한 것들을 취급하는 점포가 늘어나고 있습니다. 동시에, 과거에 없었던 한국에 대한 관심과 흥미가 폭넓은 연령층에서 나타나고 있습니다. 이러한 다채로운 분야의 상호교류와 관심은 일본어와 한국어를 배우려고 하는 한국인과 일본인을 증가시키는 요인으로 작용하고 있으며, 이로 인하여 어학연수와 유학, 여행 등의 목적으로 서로의 나라를 방문하는 사람들도 많아지고 있습니다.

상술한 민간 차원과 국가 차원의 움직임을 보면, 21세기에 들어서 한국과 일본은 서로 다가가고 있으며, 가까운 나라로 발전하고 있다고 말할 수 있을 것 같습니다. 양국의 대중문화와 관련된 교류와 사람들의 이동뿐만 아니라, 기술의 공동개발 및 발전도 늘어나고 있으며, 이러한 것들은 비즈니스 분야에서의 교류도 촉진시키는 계기가 되고 있습니다. 본 연구에서는 이 비즈니스 분야 속에서 한국인이 일본인과 함께 다양한 업무를 수행하는 과정에 초점을 두고, 한국인 비즈니스 관계자가 사용하는 일본어의 운용 능력 및 행동에 대해 생각해보고자 합니다.

제1절 '비즈니스 일본어'에서 '일본어의 비즈니스 인터액션'으로

상술한 바와 같이, 한일 간의 비즈니스 분야에 있어서 여러 사람들이 한국과 일본을 서로 왕래하며 다양한 교류를 활발하게 진행하고 있습니다. 이렇듯 다방면으로 확대되고 있는 한일 간의 비즈니스 교류는 한국 내의 일본어교육 속에서 '비즈니스 일본어'라는 명칭의 학과 및 교과목의 개설과 교재개발의 한 원인으로 작용되고 있습니다.

그러나 비즈니스를 준비하거나 이미 비즈니스 활동을 하고 있는 한국인 일본어 화자(학습자 포함)에게 있어서, 상술한 '비즈니스 일본어'의 교과목 또는 교재가 어떠한 도움이 되고 있는지에 대해서 비판적으로 생각해 볼 필요가 있습니다. 이와 관련하여, 필자는 한국에서 시판되고 있는 '비즈니스 일본어'와 관련된 교재(10권)—이우석 외 1명(1983), 요네다 류스케 외 3명(1997), 다카미자와 하지메(1998), 일본어교재연구원(1999), 정형 외 1명(2002), 가네코 히로유키(2007), 최지은(2007), 이수길(2008), 김동완(2012), 메구로 마코토 외 2명(2014)—를 랜덤으로 추출한 후 분석하였으며, 그 결과를 다음과 같이 6가지로 정리할 수 있습니다.

첫째, 비즈니스 장면에 대한 필요성을 학습자가 자연스럽게 인식할 수 있도록 유도하고 있는 교재는 많지 않습니다. 각 교

재는 단원별로 다양한 장면을 제시하고 그 중요성을 언급하고 있지만, 학습자에게 있어서 그 장면이 왜 중요하고 학습해야만 하는가? 라고 하는 동기부여를 자연스럽게 유도하고 있는 교재는 찾아보기 힘듭니다. 예를 들면, 최지은(2007)『두 발짝 비즈니스 일본어』의 제1장에서 '거래처 개척'이 제시된 후, '新商品のご案内に参りました. よろそくお願いします'라는 문장으로 학습하기 시작합니다. 먼저 이 장면에 대해, '거래처를 찾아내어 신규 거래 신청서를 보내고 그에 대한 허가장을 받는다. 이후 그 거래처를 방문하여 협의한 후 신규 거래가 이루어진다'라는 일반적이고 당연한 과정을 언급하는 데 그치고 있으며, '신규 거래 신청서'에 대해서는 언급하고 있지 않습니다. 또한 학습자에 따라서는 최초로 제시된 '거래처 개척'이 부담으로 작용할 수 있을 뿐만 아니라, 회화를 시작하는 위의 문장은 자칫 상대방에게 매우 당돌한 인상을 줄 수 있는 부자연스러운 표현이라고 말하지 않을 수 없습니다. 보통, 웃음과 함께 업무 이외의 화제를 섞어가며 회화를 시작하는 것이 자연스럽다고 생각합니다. 이와 같은 단점을 보완하고 관련된 커뮤니케이션 항목을 추가 제시한다면, 보다 자연스럽게 동기부여 및 학습의욕을 높일 수 있을 것으로 생각합니다. 이러한 과정을 고려하여, 특정 업종의 회사에 입사한 신입사원이 수습기간을 통해, 그 회사의 일원이 되기까지의 기간 동안, 어떤 일과 행동들이 일어나는지에

관한 실증적인 종단조사를 실시 한 후, 그 결과를 가지고 교재를 개발할 필요가 있다고 생각합니다.

둘째, 일본어의 문법능력 향상에 중점을 두고 있는 교재가 많습니다. 즉, 단어 및 어휘와 문장의 산출능력 그리고 여러 가지의 문법 등을 바르게 학습(암기)하고 사용하는 데 초점을 두고 있습니다. 물론, 이러한 문법능력을 향상시키는 것도 중요하지만, 비즈니스 현장에서 요구되는 능력은 문법능력뿐만 아니라, 이러한 문법능력을 어디서, 누구와 함께, 어떻게, 왜 사용하는가, 라고 하는 문맥을 이해하면서 언어화하기 위한 사회언어능력이 요구됩니다. 또한 비즈니스 현장에서 업무와 관련된 전문적 지식 및 정보, 처리경험 등을 활용하기 위한 사회문화능력도 중요한 역할을 한다고 생각합니다. 즉, 비즈니스 현장에서는 이러한 3가지 능력이 가변적이고 복합적으로 요구되고 있으며(정규필 2013b), 이와 관련된 교재가 일본 국내에서 개발—사우쿠엔・황(감수), 요시다 치하루 외 3명(편저)(2014)『일본어로 인터액션』[サウクエン・ファン(監修), 吉田千春他3名(編著)(2014) 『日本語でインターアクション』]—되어 사용되고 있습니다만, 한국의 경우 아직 개발되어 있지 않습니다.

셋째, 비즈니스 회화의 예문이 게재되어 있는 교재가 많으나, 현장에서 사용되고 있는 자연스러운 회화인지에 대한 의문이 듭니다. 예를 들어, 정형 외 1명(2002: 41)의 '담당자 부재로

전언을 부탁하기'의 경우, 전화를 거는 자에 의한 'もしもし, 私, 東京物産営業部の鈴木ですが…'라는 회화예문이 제시되어 있습니다. 이 회화문장에 대해 '東京物産営業部の鈴木ですが…'라는, 보다 자연스러운 표현이 비즈니스 현장에서 사용되고 있습니다. 이와 관련하여 비즈니스 전화 장면의 경우, 인사법, 'もしもし'의 사용방법, 다양한 확인방법 등이 있지만—村野節子 他2名(2012)『ロールプレイで学ぶビジネス日本語』—, 이러한 것들에 대해서는 언급하지 않고 있습니다. 위와 같은 한국 내의 교재내용을 추찰해 보면, 집필자가 실제의 비즈니스 접촉 장면에서 수집한 데이터를 반영한 것이라고 단정하기 어렵다고 생각합니다.

넷째, '비즈니스 일본어'에 있어서, '경어' 행동에 중점을 두고 있는 교재가 적지 않습니다. 일본어의 정중어, 존경어, 겸양어 등을 정확하게 암기하고 말하기 위한 학습도 중요하지만, 이러한 학습을 통해 몸에 익힌 경어가 동적이고 가변적인 실제 비즈니스 현장 속에서 얼마만큼 도움이 되는가에 대해서는 의문이 듭니다. 예를 들어, 보통체에서 경어체로 바꾸거나 또는 이와 반대로 경어체에서 보통체로 바꾸어 말하는 것을 '스피치 레벨 쉬프트'라고 합니다. 비즈니스 현장에서는 참가자의 '비즈니스상의 역할(다양한 직급, 매매자, 매수자, 부하, 상사 등)'과 각 역할을 나타내는 기본적인 문체가 존재합니다만, 서로 간의 이해

(利害)관계로 스피치 레벨를 쉬프트 함으로서, "비아냥", "무시", "희망" 등과 같은 메타 메시지(mata massage)를 전달하는 경우도 발생합니다[네우스토프니(ネウストプニー 1993) ; 우사미(宇佐美 1998, 2001) 등]. 그러나 이러한 과정을 고려하여 집필된 교재는 없는 실정입니다.

다섯째, 비즈니스 현장에서는 성별, 연령대, 업종, 출신지 등에 따라, 다양한 일본인이 있으며, 그들이 구사하는 일본어도 개인에 따라 다릅니다. 이 때문에 한국인 일본어 화자가 일본인과 함께 일본어로 업무를 수행하면서, 의뢰나 거절, 확인 등을 적절히 실행하지 못해, 그 결과 상대방과의 갈등이나 스트레스를 느낄 수 있으나, 이러한 것에 대한 해소 또는 완화방법을 언급하고 있는 교재는 없습니다.

마지막으로 여섯째, 각 교재의 단원별로 다양한 표현 및 문장, 경어, 비즈니스 문화 등이 망라되어 집필되어 있습니다만, 문제는 이러한 내용을 학습한 학습자가 실제 일본인과 함께 일본어로 다양한 업무를 수행하는 과정 속에서 돌연 문제가 발생했을 때 신속하고 적절하게 대처할 수 있는가 입니다. 예를 들어, 비즈니스 현장에서 일본인이 말한 일본어를 못 들었거나, 들었는데 이해하지 못했을 때, 그 상황(장면)에 맞는 되묻기나 확인에 관련된 언어적 수단을 억양, 얼굴표정, 태도 등과 같은 비언어적인 수단과 함께 사용하는 것이 일반적입니다. 그러나 이러한 복합적인 과정을 담고 있는 교재는 찾아보기 힘듭니다.

그렇다면 비즈니스 현장에서 활동하는 한국인 비즈니스 관계자가 일본인 비즈니스 관계자와 함께 일본어로 업무(일, 직무 등을 포함)를 수행할 때, 어떠한 특징과 문제를 안고 있는 것일까요? 한국인 비즈니스 관계자에게 직면하고 있는 업무수행상의 특징과 문제는 일본어의 발음, 어휘, 문장 등을 바르게 산출하기 위한 '언어능력'에 한하지 않습니다. 업무가 진행되고 있는 장소, 참가자, 비즈니스상의 역할(부하, 상사, 사원, 과장, 사장, 매매자, 매수자 등)과 이러한 역할이 지니고 있는 힘(power), 화제(話題) 등 엄청난 수의 문맥을 신속하고 적절하게 생각하며 응용할 수 있는 능력이 필요합니다. 동시에, 이러한 문맥을 언어화하기 위한 '사회언어능력'[네우스토프니(ネウストプニー 1995)]도 관련되어 있습니다. 이 능력을 사용하여 말(어휘)의 명시적 의미뿐만 아니라, 화용상 및 문맥상의 의미를 서로 전달함과 더불어, 일을 수행하기 위한 방법[전략(ストラテジー)]을 궁리하여 사용하지 않으면 안 됩니다[자토라우스키(ザトラウスキー 1994) ; 정규필(鄭圭弼 2008)]. 더욱이, 업무 그 자체에 관한 지식 및 정보, 경험 등을 활용하기 위한 '사회문화능력'[네우스토프니(ネウストプニー 2002) ; 정규필(鄭圭弼 2012)]도 각각의 장면 속에서 필요하게 됩니다.

이렇듯, 업무의 수행과 관련한 문맥과 더불어, '언어능력', '사회언어능력', '사회문화능력'이라는 3가지를 통합한 '인터액션 능력'의 총체적인 지식체계와 경험도 개인에 따라 다양합니다. 이 때문에 한국인 비즈니스 관계자가 일본인 비즈니스 관계자와 함께 업무를 원활하게 수행할 수 없는 경우도 발생할 수 있습니다. 이 때문에 실제의 비즈니스 장면에 참가하고 있는 한국인 비즈니스 관계자에 입각한, 실증적인 연구가 필요하다고 생각합니다. 구체적으로는 업무의 수행과정 속에서 일본인 비즈니스 관계자에 대해, 한국인 비즈니스 관계자가 위의 3가지 능력을 어떻게 생각하고 사용하고 있는가를 밝힐 필요가 있다고 생각합니다.

또한 이러한 능력의 다양성에 관한 공유화를 모색하기 위해, 서로가 어떻게 의사소통하면서 '회화상의 교섭(conversational negotiation)'[Gumperz 1982 ; 미야조애 웡(宮副ウォン 2003) ; 정규필(鄭圭弼 2008)]을 실행하고 있는가? 그 과정을 해명할 필요가 있습니다. 또한, 회화상의 교섭을 진행하는 사이, 서로는 대인관계 및 거래관계와 자사이익 등을 고려하여 행동할 것으로 생각됩니다. 이러한 경우, 비즈니스상의 역할이 지니고 있는 힘(power) 관계가 불균등하게 변용될 가능성이 있으며, 그때 고정적인 비즈니스상의 역할과는 다른, 잠정적인 '회화상의 역할'[미야조애 웡(宮副ウォン 2005) ; 정규필(鄭圭弼 2008, 2013b)]이

나타나, 이것이 업무수행에 긍정적인 영향을 미칠 것으로 추측됩니다. 즉, 이러한 가변적이고 동적인 프로세스가 업무수행과정에 내재되어 있다고 생각하는 것입니다. 그러나 필자의 조사에 의하면, 한일 비즈니스 장면 속에서의 실증적 데이터를 수집하여, 상술한 프로세스에 관한 질적 분석 및 고찰을 진행한 연구의 축적은 매우 빈약한 실정입니다. 이 때문에 실제의 한국인 비즈니스 관계자가 어떻게 인터액션을 행하고 있는가? 그 과정에 대해 아직 해명되어 있지 않은 비즈니스 장면이 산적해 있습니다.

제2절 본 연구의 목적

본 연구에서는 상술한 문제의식을 가지고, 일본의 비즈니스 현장에서 한국인 비즈니스 관계자가 일본인 비즈니스 관계자와 함께 다양한 업무를 수행하는 과정에 초점을 둡니다. 그런 다음, 한국인 비즈니스 관계자가 사용하는 인터액션 능력과 이것에 의한 회화상의 교섭 및 역할교섭 과정의 일부를 밝히는 것을 목적으로 합니다. 다음의 제3절에서는 이러한 목적을 달성하는데 중요한 역할을 하는 용어에 관하여 살펴보도록 하겠습니다.

제3절 본 연구에서 사용하는 용어

(1) 비즈니스와 관련된 다양한 실질행동

네우스토프니(ネウストプニー 1995a:10-11)에 의하면, 인간이 커뮤니케이션을 하는 목적은 다양한 사회문화적 목표를 달성하기 위해서라고 합니다. 사회문화적 목표는 일상생활, 비즈니스, 스포츠, 정치 등 여러 가지 장면 속에서 요리, 영업, 야구, 선거 등을 의미하고 있으며, 이러한 것을 행하기 위한 '실질적인 의미를 가지고 있는 행동'을 '실질행동'[네우스토프니(ネウストプニー :68)]이라고 명하고 있습니다. 본 연구에서는 이 정의에 따라, 조사협력자가 증언하는 다양한 업무를 실질행동으로 보고, 이것의 수행과정을 분석고찰의 대상으로 삼습니다. 본 연구에 있은 실질행동에는 회의, 프레젠테이션 등과 같은 공적인 행동뿐만 아니라, 식사 권유와 같은 사적인 행동도 포함합니다.

(2) 한일 비즈니스 장면

비즈니스에 대해, 후지모토(藤本 1993:10)는 '하나의 조직에 소속되어 있는 사람이 같은 소속, 혹은 다른 조직에 소속되어 있는 사람과 그 조직의 기능, 또는 그 목적을 달성하기 위하여 어떠한 관계를 맺는 행위'라고 정의하고 있습니다. 오사키(大崎 1994:87)는 '물건, 또는 서비스를 생산하고 영리를 목적으로 하는 행위'라고 정의하고 있습니다. 본 연구에서는 이러한 선행연구의 비즈니스와 상술한 실질행동의 정의를 고려하여 한일 비즈니스 장면을 '어느 특정 회사에 근무하고 있는 한국인이 같은 회사 혹은 다른 회사에 소속되어 있는 일본인과 함께 일본어로 실질행동을 수행하고 있는 상황'이라고 정의합니다.

(3) 한국인 비즈니스 관계자와 일본인 비즈니스 관계자

비즈니스 관계자라고 하는 명칭은 『외국인 비즈니스 관계자를 위한 일본어교육 Q&A(外国人ビジネス関係者のための日本語教育Q&A)』[문화청(文化庁 1994)]가 출판된 이후부터 보급되기 시작되었다고 합니다[니시오(西尾 1995:108)]. 외국인 비즈니스 관계자에 대해, 시마다 · 시부카와(島田 · 澁川 1998:121)는 '일본에서 기업에 근무하고 비즈니스 활동에 종사하고 있는 외국인'으로 정의하고 있으며, 콘도(近藤 2007:7-8)는 '일본에 있는 기업에 근무하고 있는 외국인에 한정하지 않고, 해외로부터의 출장자와 단기체제자도 포함시켜, 일본에서 비즈니스에 종사하는 외국인'으로 정의하고 있습니다.

상술한 선행연구의 정의를 근거로, 본 연구에서는 일본에서 한일 비즈니스 장면에 참가하고 있는 한국인에 한정하여 한국인 비즈니스 관계자를 '일본에 있는 회사에서 근무하고 일본인과 함께 실질행동을 수행하고 있는 한국인'이라고 정의합니다. 이 정의와 한일 비즈니스 장면의 정의를 근거로 다음의 3가지 사항에 해당되는 자는 본 연구에서 대상으로 삼지 않습니다. 첫째로, 의료, 종교, 학교에 종사하고 있는 자(의사, 목사, 교원, 선생님, 연구원 등), 그리고 기술연수생, 아르바이트 등입니다. 이러한 사람들은 직위와 지위체계가 다르기 때문에 분석대상에서 제외합니다. 둘째로, 비즈니스를 수행하는 사람에게 고용되어 있는 동시통역사도 연구대상에 포함시키지 않습니다. 그 이유는, 비즈니스를 수행하는 당사자끼리의 이해관계 및 거래관계와 더불어, 대인관계의 유지와 강화 등에 관련한 의식의 질과 정도가 다르기 때문입니다. 셋째, 공장의 생산라인에 종사하는 자, IT관계자 중에서 컴퓨터조작만을 행하고 있는 자는 일본어 사용에 의한 인터액션 행동이 빈약하다고 판단되어 본 연구에서는 대상으로 삼지 않습니다. 한편, 한일 비즈니스 장면에 참가하고 있는 일본인 비즈니스 관계자를 '한국인 비즈니스 관계자와 함께 실질행동을 수행하고 있는 일본인'으로 정의합니다. 본 연구에서는 한국인 비즈니스 관계자(Korean business personnel)를 'KB'로, 일본인 비즈니스 관계자(Japanese business personnel)를 'JB'로 간략화하여 각각의 약어를 사용합니다.

(4) 인터액션 능력

　네우스토프니(ネウストプニー 1995a, 2002)는, '인터액션 능력'은 실질행동을 수행하기 위한 수단으로 보고, 다음과 같이 3가지로 분류하고 있습니다. 제1로 실질행동에 관한 지식 및 정보, 경험 등을 활용하기 위한 '사회문화능력'이 관련되어 있습니다. 제2로, 실질행동이 일어나고 있는 장소와 참가자, 목적 등의 문맥을 적절하게 이해하고 언어화하기 위한 '사회언어능력'도 관련되어 있습니다. 네우스토프니(ネウストプニー 1982:40-53)는 이 능력을 체계적으로 파악할 수 있는 모델로서, Hymes(1972)의 '발화상황, 발화사상(事象), 발화행위'를 발전시켜, 일본어교육에서 적용할 수 있는 '8가지의 커뮤니케이션 항목'을 제창하였습니다. 즉, 특정 실질행동을 수행하기 위한 커뮤니케이션이 '왜(점화)' '언제, 어디서(셋팅)' '누구와 함께(참가자)' '어떤 언어, 방언, 스타일(버라이어티)'을 사용하여, '어떤 화제(내용)'를 '어떤 형식(형태)'으로 '어떠한 매개(매체)'를 통해서, '어떠한 운용을 하면서(조작)' 진행되고 있는가에 주목함으로써 사회언어능력을 관찰하고 고찰할 수 있습니다. 제3으로, 어휘, 발음, 문자 등을 사용하여, 바른 문장과 발음 등을 생성하기 위한 '언어능력'도 관련되어 있습니다. 언어능력과 사회언어능력은, 커뮤니케이션을 행하는 데 불가결한 것이므로, 합하여

'커뮤니케이션능력'이라고 하며, 이것에 사회문화능력을 더한 능력을 '인터액션 능력'이라고 합니다.

(5) 회화상의 교섭 및 회화상의 역할교섭

실제 비즈니스 상황에 있은 실질행동의 수행과정은 상술한 3가지 인터액션 능력과 더불어 음율적 요소와 비언어적 요소가 동반되는 동적(動的)인 과정인 '교섭(negotiation)'[네우스토프니(ネウストプニー 1995b:71)]의 형태를 취할 것으로 생각됩니다. 본 연구에서는 이러한 동적인 프로세스의 단면을 파악하기 위하여 '회화상의 교섭' 및 '회화상의 역할교섭'[Miyazoe-Wong 2002 ; 미야조애 웡(宮副ウォン 2003, 2005) ; 정규필(鄭圭弼 2008, 2013b)]의 개념을 이용합니다. '회화상의 교섭(conversational negotiation)'은 Gumperz(1992)로 부터 생겨나 Miyazoe-Wong(2002)과 미야조애 웡(宮副ウォン 2003), 정규필(鄭圭弼 2008)에 의해 전개된 개념이며, 이 개념에서 '회화상의 역할교섭'[미야조애 웡(宮副ウォン 2005) ; 정규필(鄭圭弼 2008, 2013b)]으로 발전하였습니다. 본 연구는 Miyazoe-Wong(2002)의 '회화상의 교섭'의 정의에 따라, '두 사람 이상의 회화 참가자가 협동으로 어느 실질행동을 원활하게 수행하기 위하여 사용하는 회화 시의 조정(調整)'으로서 사용합니다.

인터액션 능력과 관련한 지식 및 8가지의 항목에 대한 생각과 실행은 개인에 따라 다양하기 때문에 두 사람 이상이 협동으로 실질행동을 적절하게 수행할 수 없는 경우도 있습니다. 그때, 참가자에게 있어서, 그 다양성에 대한 공유화를 모색하고, 상호이해를 돕기 위한 회회상의 교섭이 중요한 역할을 할 것으로 생각합니다. 더욱이, 회화상의 교섭 중에, 실질행동에 관련한 지식과 정보, 경험 등은 비즈니스상의 역할이 상위인 자가 항상 풍부하게 지니고 있다고 단정할 수 없습니다. 실질행동에 따라서는 비즈니스상의 역할이 하위인 자가 더 많이 가지고 있는 경우도 있으며, 이러한 경우, 하위자가 상위자에게 일(업무, 직무)의 해결방안을 제안할 수도 있을 것입니다. 그때, 각자의 비즈니스상의 역할(상위자와 하위자)이 지니고 있는 힘(power)이 불균등해지면서 비즈니스상의 역할과는 다른 '회화상의 역할'이 나타나, 이것이 실질행동의 수행에 긍정적인 영향을 끼칠 것으로 생각합니다. 상술한 5가지 용어의 정의를 정리하면 [표1]과 같습니다.

[표1]용어의 정의

용어	정의
실질행동	비즈니스를 수행하기 위하여 '실질적인 의미를 가지고 있는 행동'.
한일 비즈니스 장면	어느 회사에 소속되어 있는 한국인이 같은 회사, 혹은 다른 회사에 소속되어 있는 일본인과 함께 실질행동을 수행하고 있는 상황.
한국인 비즈니스 관계자 (KB), 일본인 비즈니스 관계자(JB)	KB : 일본에 있는 회사에 근무하고 일본인과 함께 실질행동을 수행하고 있는 한국인. JB : KB와 함께 실질행동을 수행하고 있는 일본인.
인터액션 능력	'언어능력' 및 '사회언어능력'과 '사회문화능력'을 사용하여 실질행동을 수행하기 위한 수단.
회화상의 교섭 및 회화상의 역할교섭	회화상의 교섭 : 2인 이상의 회화참가자가 협동으로 어느 실질행동을 원활하게 수행하기 위하여 사용하는 회화 시의 조정(調整). 회화상의 역할교섭 : 회화상의 교섭 중에, 인터액션 능력에 관련한 지식 및 정보, 경험 등의 다양성에 의해, 고정적인 비즈니스상의 역할에서 잠정적인 회화상의 역할이 구축되는 과정.

제4절 비즈니스 인터액션에 관련된 선행연구

본 절에서는 비즈니스 장면에서의 일본어 사용에 관한 선행 연구를 분류 조사합니다. 1970년대부터 1980년대에 걸쳐, 일본의 경제발전과 함께 일본의 국내외를 왕래하는 외국인 비즈니스 관계자가 증가하기 시작하였으며, 동시에 그들에 대한 일본어교육이 진행되었다고 합니다[니시오(西尾 1994:10)]. 또한 1990년대부터는 외국인과 일본인이 비즈니스를 수행하는 언어적 수단으로서 영어뿐만 아니라, 일본어의 사용도 증가하였으며, 이것에 관해 데이터를 근거로 한 연구도 활발히 진행되고 있습니다. 이하에서는 목적, 조사개요, 분석결과, 필자의 비판적인 고찰 등에 대해 논한 후, '제5절 본 연구의 독창성'에서는 선행연구를 종합적으로 고찰하고 문제점을 지적한 후 발전방향을 제시하고자 합니다.

이케다(池田 1996)의 연구목적은 일본의 직장에서 근무하는 '일본인 비즈니스맨'이 사용하고 있는 어휘의 특징을 밝히는 것입니다. 데이터는 'JETRO의 비즈니스 일본어 인정시험의 개발을 위하여 수집된 자료의 일부'와 이케다의 개인 네트워크에 의한 것으로, '상의 및 협의, 전화를 통한 회화 등 누계 30시간을

녹음하여 문자화'한 것입니다. 이 데이터를 '어휘조사방법'[1]을 사용하여 어휘의 특징에 대해서 탐구하고 있습니다. 그 결과, '회사, 사업, 코스트(등)'의 비즈니스 전문어휘보다, 'が(접속사)' 'これ, それ' 'あのう, うん(감탄사)' 등의 일상장면에서 등장하는 어휘가 많이 사용되고 있으며, 협의와 전화 시의 어휘에 있어서 '비즈니스 전문 어휘는 매우 적었다'라고 결론 짓고 있습니다. 이로 인하여, '비즈니스맨용의 텍스트'를 개발할 경우에는 일상장면에서 사용되는 어휘를 게재할 필요가 있다고 지적하고 있습니다[이케다(池田 1996 : 126)]. 이러한 이케다의 연구결과는 비즈니스를 목적으로 하는 외국인일본어 학습자에 대한 어휘교육에 유용한 자료가 될 것으로 생각됩니다. 다만, 비즈니스 어휘와 일상 어휘가 밝혀졌으나, 일반적인 회화 속에서 이 양측의 어휘가 동반되는 경우가 자연스럽지 않은가라는 생각이 듭니다. 때문에 이러한 경우에 관한 분석도 진행한다면, 또 다른 어휘의 특징을 관찰할 수 있다고 생각합니다.

세이(清 1997)는 '외국인 사원'과 '일본인 사원'을 대상으로

---

1) 어휘조사방법에 대해서 '국립국어연구소의 『일본인의 지식계층에 있은 입말의 실태』에서 수집한 어휘조사의 방법에 따랐다'라고 명기되어 있으나(이케다 1996:118), 그 상세한 내용은 기술되어 있지 않습니다.

면접조사를 실시하여, 외국인 사원이 일본어로 업무를 수행할 때 느끼고 있는 저해요인에 대해 조사하고 있습니다. 도쿄(東京)에 있는 43곳의 회사에 근무하고 있는 77명의 외국인 사원(그중 한국인 사원은 7명)을 대상으로 '일을 할 때 어떠한 어려움을 느끼는가?(등)'의 질문을 하고, 그 대답을 분석하고 있습니다. 외국인 사원에게 있어서 가장 곤란하거나 어려운 점은 '거절상황'에서 자신이 거절하기 위한 언어사용과 상대가 행하는 거절의 의사표명을 적절히 이해하지 못하는 것이다, 라고 보고하고 있습니다[세이(清 1997:62-65)]. 또한, 외국인 사원은 '영원한 외국인 취급(등)'을 받고 있다, 라는 '일본인의 행동양식'에 대한 '편견'을 느끼고 있으며, 그 결과, '일을 수행하는 의욕'이 떨어지고 있다고 분석하고 있습니다. 이러한 '심리적인 측면'에 관한 저해요인을 완화시키기 위해서는 일본인 사원의 의식변화도 필요하다고 지적하고 있습니다[세이(清 1997:68, 72)]. 상술한 결과로부터, 외국인 사원이 느끼고 있는 저해요인에는 '언어적인 측면'과 '심리적인 측면'이 존재하고 있는 것이 밝혀졌습니다. 그러나 다양한 국가 및 지역 출신의 조사협력자를 '외국인 사원'으로 묶어 분석하고 있기 때문에, 7명의 한국인 사원에 대한 데이터와 상세한 분석고찰은 불분명한 실정입니다.

상술한 바와 같이, 일본어 사용에 관한 실태규명뿐만 아니라, 기업이 외국인에게 요구하고 있는 일본어 능력의 규명을 목적으로 하고 있는 연구로서, 시마다·시부카와(島田·澁川 1998)가 있습니다. 이 연구는 일본에서 기업에 근무하고 있는 '일본인(인사관계자)'과 '외국인 비즈니스 관계자'에 대해 앙케이트 조사를 실시하여, 총 50업체의 67명[2]으로부터 얻은 유효회답의 결과 중에 '회화' '읽기' '쓰기'에 대한 회답 내용에 초점을 두고 상술한 연구목적을 해명하고 있습니다. '회화'는 '회의, 전화, 상담, 접객' 등에서 많이 이루어지고 있으며, '읽기'는 '신문, 업무상의 문장, 메모'와 관련한 경우에 행해지고 있다고 합니다. '쓰기'는 '메모와 업무상의 문장'을 작성할 때 필요하다고 합니다. 한편, 기업이 요구하는 일본어 능력에 대해, '회의, 전화, 접객, 상담'에서 일본어회화를 요구하고 있으며, '읽기'는 '업무상의 문장'을 읽을 때 요구되고 있다고 합니다. '쓰기'는 '메모' 정도를 가장 많이 요구하고 있는 반면, '쓰기' 능력을 거의 요구하지 않는 기업도 있었다고 합니다[시마다·시부카와(島田·澁川 1998:136)]. 상술한 조사결과는 조사 당시의 외국인 비즈니스 관계자의 일본어 사용실태와 기업이 외국인에게 요구

---

2) 67명의 '모어별' 비율은 '중국어 모어 화자가 26명, 유럽언어 16명, 영어 모어 화자 16명, 아시아언어 7명, 스와비리어 2명'이며, 아시아언어에 한국어 모어 화자가 포함되어 있으나, 그 인원수는 불분명합니다.

하고 있는 일본어 능력을 파악하는 데에 귀중한 자료가 됩니다. 그러나 세이(清 1997)처럼, 조사협력자를 외국인 비즈니스 관계자로 통합하여 분석하고 있기 때문에, 한국인 비즈니스 관계자의 인원수와 '회화' '읽기' '쓰기'에 대한 데이터 및 상세한 조사결과는 명확하지 않습니다.

상기의 시마다 · 시부카와(島田 · 澁川 1998)는 일본국내의 조사이지만, 시마다 · 시부카와(島田 · 澁川 2000)은 해외로 눈을 돌려 아시아 5도시(서울, 대련, 쿠알라룸프, 홍콩, 방콕)에 있는 일본계 기업의 '비즈니스 일본어의 니즈(needs)'에 관한 조사연구입니다. 이하에서는 서울의 조사결과에 한하여 분석하고자 합니다. 이 연구의 조사방법은 시마다 · 시부카와(島田 · 澁川 1998)와 동일하며, 유효회답자 수는 총 17사의 87명입니다. 조사결과의 일부분으로서, 현지사원 측에 '현재 근무하고 있는 곳에 취직할 때, 일본어가 채용조건이었는가?'라고 질문한바, 53명이 채용조건이었다고 답하고 있습니다. 또한, 일본어의 학습경험에 관한 질문에 '98%가 경험이 있다'라고 답하고 있으며, 그 동기로서, '일을 수행함에 있어 필요하기 때문에'라는 답이 가장 많았다고 합니다. 한편, 기업 측에 '언제 일본어를 사용해 주길 바라는가?'라고 질문한 다음, '회화' '읽기' '쓰기'에 관한 하위항목을 추가한 결과, 각각 순서대로 '전화, 접객, 면담'

'업무상의 문서, FAX' '메모, FAX' 등을 일본어로 수행해 줄 것을 기업 측이 요구하고 있었으며, 사원 측도 실제로 행하고 있다고 기술하고 있습니다[시마다 · 시부카와(島田 · 澁川 2000:113-116)]. 이상과 같은 조사로부터, 서울의 경우, 기업 측은 일본어의 사용을 요구하고 있고, 현지사원 측도 다양한 장면에서 일본어를 사용하고 있는 것으로 밝혀졌습니다. 그러나 한국 내인 점을 감안하면 상담과 접객의 상대가 한국인일 가능성도 배제할 수 없으나, 앙케이트 조사이기 때문에, 그 가능성과 관련된 일본어가 어떻게 사용되고 있는가? 라고 하는 것에 대한 실태는 구체적으로 나타나 있지 않습니다.

계속해서 한국 내의 일본계 기업을 조사대상으로 삼고 있는 연구로서, 오사키(大崎 2006)가 있습니다. 이 연구의 목적은 '일본인 사원'과 '한국인 사원'이 느끼고 있는 이문화 커뮤니케이션상의 문제점을 밝히는 것입니다. 서울에 있는 40사의 일본계 기업을 대상으로 앙케이트 조사를 실시하여, 총 8사 47명으로부터 회답을 수집하였습니다. 일본인 사원과 한국인 사원으로 나누어, 각각의 주요 조사내용과 회답에 대해 개관(概観)하면 다음과 같습니다.[3] 일본인 사원 측에게 '동료의 한국인 사원과

---

3) 오사키(大崎 2006)는 일본인 사원과 한국인 사원에 대한 앙케이트 조사를 실시하

커뮤니케이션이 잘 되지 않는 경우의 사례와 원인'을 질문한바, '서로가 상대의 언어에 대해 잘 모를 때', '일본과 한국의 가치관이 다르고, 일(업무)의 우선순위에 대해 서로 다르게 생각하고 있는 경우', '전문분야(기술)의 지식에 차이가 있을 때' 등의 데이터가 수집되어 있습니다. 한편, 한국인 사원 측에게도 같은 질문을 한 결과, '언어능력의 부족 및 차이', '복잡한 업무내용에 대해 이야기할 때 곤란한 적이 있다', '양국에는 서로 다른 사회, 문화, 예절, 업무방식이 있다' 등의 답변이 있었다고 합니다[오사키(大崎 2006:220)]. 상술한 데이터를 통해, 한국 내의 일본계 기업 속에서 이문화 커뮤니케이션상에 다양한 문제가 내재되어 있다는 것이 시사되었습니다.

요코스카(横須賀 2002)는 일본에서 다양한 업무에 종사하고 있는 47명의 외국인[4]으로부터 수집한 앙케이트의 조사결과를 분석대상으로 삼고 있습니다. 그들이 일본어로 업무를 수행할 때, 어떠한 '인터액션'[네우스토프니(ネウストプニー 2002 등)] 능

여, 그 회답의 예를 게재하고 있는 것에 그치고 있으며, 분석과 고찰에는 도달하지 않고 있습니다.

4) 47명의 외국인의 속성에 대해서 「아시아권과 유럽 및 미국권」[요코스카(横須賀 2002:88)]으로 이원화했기 때문에, 나라 및 지역별의 인원수 등에 대한 정보는 기술되어 있지 않습니다.

력에 관련된 '문제를 안고 있으며, 그것을 어떻게 해결'하고 있는가?를 '언어관리'[5] 이론[네우스토프니(ネウストプニー 1995b)]을 사용하여 해명하고 있습니다. 조사내용에는 협력자가 느끼는 일본어 사용상의 '문제'와 그것은 '어떠한 능력의 부족에 의한 것이라고 인식'하고 있으며, 그 문제를 해결하기 위하여 '필요한 정보를 어떻게 수집하고 있는가?'라고 하는 3가지의 항목이 있으며, 이것을 순서대로 '유의(留意)', '평가(評価)', '조정(調整)'이라고 칭하고 있습니다. 각각에 대한 결과의 일부를 살펴보면, 우선, '유의(留意)'에 대해, 여러 가지 업무의 수행에 필요한 '정보 및 지식'에 관련한 '사회문화능력'의 부족에 의한 문제가 가장 많았다고 합니다. 다음으로, '평가(評価)'에 대해서는 '전문용어의 읽기 쓰기 능력'과 '지시, 의뢰' 등과 동반되는 '표현이해와 운용 능력'에 관련된 '커뮤니케이션 능력'의 문제가 나타났다고 합니다. 또한, '일본적인 경영/대처방법', '외국인에게 불평을 말하지 않는다' 등의 사회문화능력에 관한 답변도 있었으며, 이러한 답변으로부터 '일본적 사상', '대인 네트워크 구

---

5) 「언어관리」는 5개의 프로세스로 구성됩니다. 즉, 인터액션능력에 관련된 여러 가지 항목과 사용체계 등에 의한 「이탈(逸脱)」, 이탈의 「유의(留意)」, 유의한 이탈의 「평가(評価)」, 이탈에 대한 「조정계획(調整計画)」, 조정계획의 「실행(実行·調整行動)」을 말합니다. 이러한 과정에 관한 상세한 내용은 무라오카(村岡 2003)와 정규필(鄭圭弼 2010b, 2012)을 참조해 주시기 바랍니다.

축'에 '이탈이 인식'되었다고 분석하고 있습니다. 마지막으로 '조정(調整)'에 관해 '동료, 인터넷'으로부터 '필요한 정보를 수집'하여, 상술한 문제(이탈)의 해결(조정)을 진행하고 있다고 기술하고 있습니다.

언어관리이론에 기인한 인터액션 연구는 '일상생활, 교육, 교우 등의 영역'이 다수를 점하고 있어[정규필(鄭圭弼 2012:155)], 비즈니스 영역에 관한 요코스카(横須賀 2002)의 조사결과는 귀중한 자료임에 틀림없습니다. 그러나 데이터 분석 시, 일괄적으로 '외국인'으로 묶어 진행하고 있기 때문에, 한국인의 데이터와 분석 및 고찰의 결과가 명확하지 않습니다. 뿐만 아니라, 앙케이트의 질문내용과 언어관리의 '평가(評価)'에 대해서 보다 자세히 기술할 필요가 있습니다. 예를 들어, '필요한 정보수집'을 '조정(실행)'으로 보고 있지만, '조정계획(調整計画)' 중이라고 볼 수도 있기 때문입니다.

정규필(鄭圭弼 2012)은 요코스카(横須賀 2002)를 고려하여 일본의 직장에서 일하는 3명의 한국인 비즈니스 관계자(이하, KB)에 대해 인터액션 인터뷰[네우스토프니(ネウストプニー 1994)]를 실시하여, '동료와의 사적인 관계 구축 및 유지'라고 하는 실질행동을 행하는 데 필요한 '사회문화능력'[네우스토프니(ネウストプニー 2002)]에 대하여 탐구하고 있습니다. 정규필(鄭

圭弼 2012:153)에 의하면, 사회문화능력에는 실질행동을 행할 때 '상대의 의도와 행동을 어떻게 해석해야 하는가?'라고 하는 것에 관한 판단의 근거가 되는 개인의 KB에 내재되어 있는 규범이 작용하고 있다'고 합니다. 이에 따라, '언어관리'[네우스토프니(ネウストプニー 1995b)] 이론을 사용하여, 상술한 실질행동 속의 '사회문화규범의 관리의식'에 대해 해명하고 있습니다. 이하에서는 중간 관리직인 1명의 KB(이하, KB1)에 한정하여 관리 프로세스의 일부를 살펴보도록 하겠습니다.

일본인 상사(과장)의 '독단적인 업무처리방식, 즉 일방적으로 기한을 결정하여 지시를 내리는 행위'(이하, 과장행동)가 반복됨으로서, KB1의 부하 중 입원자와 사직자(1명씩)가 발생합니다[정규필(鄭圭弼 2012:160)]. 이를 계기로, KB1은 과장행동을 직장에서 동료와의 관계유지에 필요한 것에 대한 '이탈(逸脱)'로서 의식하고, 이것에 '유의(留意)'함과 동시에, '부하로부터의 항의'를 참고로, 과장행동은 '한국뿐만 아니라, 일본에서도 있어서는 안 되는 것'이라고 '부정적으로 평가(評価)'했다고 분석하고 있습니다. 더욱이 입원자와 사직자가 발생함으로서, KB1이 '더 이상 참을 수 없었다'라고 말한 것은 과장행동을 바로잡기 위한 강한 행동(조정)의 '계획(計画)'이며, 이것은 과장에게 '그러한 행동(과장행동)을 그만둬' '격한 말싸움을 했다' 등의 표현과 행동으로 '실행(実行)'되어, KB1과 과장 사이에 마찰이 발생했다고 고찰하고 있습니다. 그러나 KB1은 과장과의 직접적인 화해를 시도하고 있으며, 그 과정에서 동료 및 과장과의 원만한 관계를 복원하고 있었습니다.

상술한 연구결과는 일본어(특히 비즈니스 인터액션)교육에도 응용이 가능하다고 생각합니다. 예를 들면, 일본어 학습자가 니즈(needs)로서 언급하는 실질행동을 실러버스(Syllbus)의 중심 과제로 설정하고, 그것과 관련된 사회문화요소('과장행동')에 대한 평가와 조정행동에 관한 토론을 실시하고, 그 과정 속에서 상술한 관리 프로세스를 제시한다면, 보다 효과적인 일본어의 비즈니스 인터액션 교육이 될 것이라고 생각합니다.

마지막으로, 이상의 선행연구를 정리하면 [표2]와 같습니다.

[표2] 선행연구

연구자	연구목적	연구방법	협력자
세이(清 1997)	직무상의 저해(언어면과 심리면) 요인	면접	외국인
시마다·시부카와 (島田·澁川 1998)	일본국내 기업에서의 일본어 사용실태와 기업이 요구하고 있는 일본어 능력	앙케이트	일본인 외국인
시마다·시부카와 (島田·澁川 2000)	아시아 5도시의 일본계 기업에서 일본어 사용 실태와 비즈니스 일본어의 니즈	앙케이트	일본인 외국인
오사키(大崎 2006)	일한 이문화 커뮤니 케이션상의 문제점	앙케이트	일본인 한국인
요코스카(横須賀 2002)	인터액션상의 문제와 그 해결방법	앙케이트	외국인
정규필(鄭圭弼 2012)	실질행동의 수행과정에 나타난 사회문화규범의 관리의식	인터액션 인터뷰	한국인

제5절 본 연구의 독창성

본 절에서는 상술한 선행연구에 대해, 조사방법과 조사협력자의 관점에서 통합적인 고찰을 실시한 후, 본 연구의 의의를 지적해 두고자 합니다.

먼저, 조사방법에 대해서, 앙케이트가 4건으로 가장 많고, 다음으로 면접과 인터액션 인터뷰가 각각 1건씩입니다. 앙케이트는 대량의 데이터를 수집할 수 있다는 장점이 있지만, 선택식과 기술식으로 그 질문에는 '당신이라면, 이런 경우 어떻게 하겠는가?'라고 하는 가정적인 질문을 한 후, 그에 대한 대답을 데이터로 사용하고 있습니다. 이러한 데이터는 비즈니스 관계자가 과거에 참가한 비즈니스 장면에 있은 실증적 데이터가 아니므로, 실제의 비즈니스 관계자가 사용하는 표현과 행동을 반영했다고 보기 어렵습니다. 과거의 실제 비즈니스 장면에서 사용된 표현과 행동을 조사분석하는 방법이 인터액션 인터뷰입니다만, 이것을 사용한 연구는 1건[정규필(鄭圭弼 2012)]뿐입니다. 한편, 면접조사에 의한 선행연구[세이(淸 1997)]에서는 장면 속의 행동에 대한 '추적조사'[세이(淸 1997 : 60)]를 추가하고 있으므로, 실증적인 데이터가 수집되었다고 생각됩니다.

다음으로, 조사협력자의 관점에서 다음과 같이 4가지 사항에 대해 지적하려고 합니다. 첫째로, 다양한 나라와 지역출신의 조사협력자를 외국인 비즈니스 관계자, 또는 외국인 사원, 아시아권 및 아시아언어 등으로 통합한 데이터를 분석 고찰하는 연구가 있다는 것이 밝혀졌습니다. 이로 인해, 한국인 비즈니스 관계자가 사용하는 인터액션 능력의 개별성과 다양성에 관한 데이터와 분석 고찰은 매우 빈약하다는 것이 밝혀졌습니다. 둘째, 한국인 비즈니스 관계자에 의한 인터액션 능력이 업무수행 과정 속에서 어떻게 사용되고 있는가? 라고 하는 것에 관한 연구가 미비하다는 것도 밝혀졌습니다. 셋째, 선행연구에 있는 협력자의 일본어 모어 화자와 일본어 비모어 화자의 사회적 신분을 살펴보면, 상·하(상사·부하), 또는 동료끼리에 의한 같은 회사 내에서의 인터액션이 압도적이라는 것도 밝혀졌습니다. 즉, 상사로서 참가하고 있는 외국인 비즈니스 관계자의 일본어 사용과 행동을 분석 고찰한 결과는 매우 적은 실정입니다.

이상과 같이, 개인의 한국인 비즈니스 관계자를 대상으로 한 일본어 사용에 관한 실증적 연구결과의 축적은 매우 빈약한 것으로 밝혀졌습니다. 이 때문에 실제 한국인 비즈니스 관계자가 일본인 비즈니스 관계자와 인터액션 능력을 어떻게 구사하고 서로 의사소통하고 있는가? 라는 과정에 대해 해명되지 않는 비즈니스 장면이 산적해 있는 실정입니다. 상술한 선행연구의 고찰결과로부터, 본 연구에서 발전시킬 두 가지를 지적할 수 있습니다. 즉, a.실제 비즈니스 장면 속에 있는 한국인 비즈니스 관계자가 사용하는 인터액션 능력의 개별성과 다양성을 관찰할 수 있는 데이터를 수집하여 분석 고찰해야 합니다. b.a와 관련된 조사협력자(한국인 비즈니스 관계자)는 부하와 동료로서의 역할뿐만 아니라, 상사로서의 역할도 지니고 있으므로, 그 행동도 파악하고, 동시에 사내와 타사에 근무하는 일본인 비즈니스 관계자와의 인터액션 행동도 포함시켜야 합니다.

본 연구에 있어서, 상술한 a와 b에 대해 분석 고찰함으로써 새로운 인터액션상의 특징을 밝혀낼 가능성이 있을 뿐만 아니라, 일본어를 사용하는 비즈니스 인터액션 연구의 미해명 분야에 대한 시사점을 얻을 수 있다고 생각합니다.

[표3] 선행연구의 고찰결과

구분	선행연구	본 연구
조사 방법	질문조사에 의한 가정적인 질문	실제 비즈니스 장면에서의 일본어 운용 능력 및 행동을 조사
조사 협력자	· 다양한 국가 및 　지역출신의 협력자를 　외국인, 아시아계 　등으로 통합 · 부하, 동료끼리가 　중심 · 사내에서의 　인터액션이 중심	· 개인의 한국인 비즈니스 　관계자를 대상 · 인터액션 능력의 개별성 및 　다양성과 이러한 것들에 의한 　동적인 프로세스를 중시 · 부하와 동료끼리뿐만 아니라, 　상사도 대상 · 사내와 더불어 다른 회사와의 　인터액션도 대상

제2장

조사방법

제1절 인터액션 인터뷰 데이터

본 연구에서는 조사협력자에 대해, '인터액션 인터뷰 (Interaction Interview)'[네우스토프니(ネウストプニー 1994)](이하, 인터뷰라고 함)를 실시하여, 그 내용을 녹음하고 문자화한 것을 분석고찰의 대상으로 삼습니다. 이 인터뷰는 조사협력자가 참가하고 있는 비즈니스 장면 속에서 '실제로 무엇이 일어났는가를 조사하는 도구'입니다. 과거의 실제상황 속으로 거슬러올라가 기억 속에 남아 있는 사건이나 일어났던 일과 행동에 관하여 진술을 받아, 이것을 데이터로 삼습니다. 이 인터뷰의 또 다른 특징으로서, 참여관찰이 어려운 장면에 대해서도 데이터를 수집할 수 있다는 점입니다[정규필(鄭圭弼 2012)]. 일반적으로 비즈니스 현장과 같은 곳(의료, 호텔 등)에서는 기밀정보가 얽혀 있고, 그 유출을 염려하기 때문에, 조사자에 의한 데이터 수집의 허가를 받기 어려운 실정입니다. 본 인터뷰는 이러한 현장에 있는 조사협력자를 대상으로 그곳에서의 표현 및 행동, 의식 등을 조사하는 것을 목적으로 삼기 때문에 인터액션 인터뷰를 사용하기로 하였습니다.

제2절 조사협력자

인터뷰의 조사협력자(이하, 협력자라고 함)를 선택함에 있어서, 협력자로부터 실제의 행동과 경험에 대한 내용을 수집할 수 있는가를 가장 중요시하였으며, 이 때문에, '지인의 지인'[무라오카(村岡 2002:129-130)]이라고 하는 대인관계를 고려한 기연법(機緣法)를 사용했습니다. 협력자와 필자가 공통의 우인을 가짐으로서 필자의 신분을 보장받을 수 있고, 동시에 신뢰관계구축으로 발전되어, 이것이 협력자로 하여금 실제의 행동과 경험에 대해 보다 쉽게 진술할 수 있을 것이라고 생각했습니다. 이러한 기연법에 의한 협력자는 홍기화(ホン ギファ 2005)와 필자의 네트워크에서 선출하고 부탁한 결과, 6사로부터 각 1명씩, 총 6명으로부터 허가를 받았습니다.

인터뷰는 이 6명의 협력자에 대해 각자가 직장에서 어떠한 업무를 누구와 어떻게 수행하고 있는가에 대한 조사를 실시하였습니다. 필자와 1대 1의 상황에서 협력자가 '말하기(인터뷰에 응하기) 쉬운 언어'[정규필(鄭圭弼 2010a:117)]로 실시하였습니다. 협력자가 인터뷰에 응할 때, 물리적 및 공간적인 요인뿐만 아니라, 사용하는 언어에 의해서 인터뷰 내용의 질과 양이 다를 것이라고 생각됩니다. 협력자가 모어(母語)로 인터뷰에 응하는 편이 심리적으로 안정될 뿐만 아니라, 진실을 보다 말하기 쉬어

진다, 라는 연구[콘도(近藤 2007)]가 있는 반면, 그러한 심리적 안정과 진심은 반드시 모어를 사용할 때만 가능한 것이 아니다, 라고 하는 연구[정규필(鄭圭弼 2010a)]도 있습니다. 정규필(鄭圭弼 2010a:117)에서는 일본에서의 체제기간에 따라, 한국어보다 오히려 일본어로 대답하기 쉽다고 하는 협력자가 있었다는 보고가 있습니다. 본 연구에서는 이 점을 고려하여, 인터뷰 시에 협력자 자신이 모어(한국어)에만 국한하지 않고, 일본어로도 인터뷰에 응할 수 있도록 하였습니다.

제3절 분석 방법 및 이론

본 연구에서는 실제 개인의 사회문화적 및 사회경제적인 문맥을 중시하는 '해석적 어프로치(interpretative approach)[미노우라(箕浦 1999) ; 정규필(鄭圭弼 2010a, 2010b, 2012)]에 의한 데이터 분석 및 고찰을 실시합니다. 이 어프로치와 관련된 분석의 수순 및 이론에 대하여 설명하겠습니다.

첫째, 협력자가 업무를 수행하면서 사용하는 일본어 및 행동은 그 수행과정의 내용과 참가자 등의 문맥(상황)에 따라 다를 것으로 추측됩니다. 이 때문에, 협력자가 수행하고 있는 업무를 파악하면서 분류하기 위하여, '반복되어 나타나는 사상(事象)'

[미노우라(箕浦 1999:58) ; 정규필(鄭圭弼 2012:157)]을 찾아낼 필요가 있다고 생각합니다. 이를 위하여, 정규필(鄭圭弼 2012:157)의 4단계의 수순을 참고합니다. 즉, a.필자 단독으로 문자화 자료와 음성데이터의 확인을 반복하면서 특정 사상과 그에 대한 인터뷰 내용을 실질행동별로 그룹화합니다. b.그룹화의 특징을 표제화한 후, 이러한 데이터 처리의 객관성과 타당성을 높이기 위하여, c.그룹화한 자료 및 문자화 자료에 대해, 4명의 일본어 교육 전문가와 공동으로 검토를 합니다. 여기에 d.공동검토 후의 자료와 문자화 자료, 음성데이터를 협력자에게 데이터 수집 후 약 2주 이내에 '펄로우업 인터뷰(Follow-up Interview)'를 실시하여 직접 재확인받으면서, 각자가 수행하고 있는 업무와 관련된 그룹화에 관한 신뢰성을 높입니다.

둘째, 상술한 수순에 의해 그룹화된 실질행동(다양한 업무)에 대해, 어떠한 사회문화적 및 사회경제적인 문맥이 관련되어 있는가에 관해 탐구합니다. 즉, '8가지의 커뮤니케이션 항목'에 기인하여, 그 실질행동를 수행하기 위한 인터액션이—'왜(점화)' '언제, 어디서(셋팅)' '누구와 함께(참가자)' '어떤 언어, 방언, 스타일(버라이어티)'을 사용하여, '어떠한 화제(내용)'를 '어떤 형식(형태)'으로 '어떠한 매개(매체)'를 통해서, '어떠한 운용을 하면서(조작)'—진행되고 있는가를 관찰하면서 상술한 문맥을 이해하도록 노력합니다.

셋째, '인터액션의 사회언어학'[Gumperz 1982 ; 자토라우스키(ザトラウスキー 1994)]의 4가지 개념을 사용하여 실질행동의 수행과정에 관한 분석을 실시합니다. 4가지의 개념이란, '메타메세지(メタメッセージ)' '장면의 실마리(場面の手がかり)' '프레임(フレーム) 전략(스트라테지 · ストラテジー)'[자토라우스키(ザトラウスキー 1994:42-43)]를 뜻합니다. 메타메세지는 말(어휘)의 문맥상의 의미이며, 장면의 실마리는 어떠한 메타메세지가 포함되어 있는가를 가리키는 것입니다. 프레임은 메타메세지와 장면의 실마리가 작용하여 나타나는, 참가자끼리의 문맥상의 '기대(期待)'를 뜻하며, 스트라테지는 인터액션상의 목표(본 연구에서는 다양한 실질행동)를 달성(수행)하기 위한 수단 및 방법을 말합니다. 협력자가 일본인 비즈니스 관계자와 함께 실질행동(업무)을 수행하기 위해서는 4가지 개념의 적절한 이해와 실행이 불가결하고, 동시에 '인터액션 능력'을 스스로 생각하고 사용할 것으로 생각됩니다.

마지막으로 넷째, 협력자가 사용한 인터액션 능력에 대하여 '3타입의 회화상의 교섭' 및 '회화상의 역할교섭'[미야조애 웡(宮副ウォン 2003, 2005) ; 정규필(鄭圭弼 2008)]을 사용하여 데이터 분석결과에 대한 고찰을 실시합니다. 미야조애 웡(宮副ウォン 2003:166-168)은 상술한 셋째와 관련된 이론을 통합하여 '3타입의 회화상의 교섭' 모델을 제창하고 있습니다. 다음의 [표4]

는 필자가 선행연구[미야조애 웡(宮副ウォン 2003, 2005)]를 분석
하여 정규필(鄭圭弼 2008:153)과 정규필(鄭圭弼 2013b)에서 고
찰을 통해 발전시킨 모델입니다. 또한, 상술한 분석방법 및 이
론의 관련성을 그림으로 나타내면, [그림1]과 같습니다. [표4]
와 [그림1]을 사용하여 설명을 덧붙이면 다음과 같습니다.

[표4] 3타입의 회화상의 교섭

'언어상의 의미와 관련된 회화상의 교섭(CN-PM:conversational negotiation of propositional meaning)' ⇒ 어휘 및 표현의 명제적(사전적, 명시적, 지시적 등의) 의미를 이해하기 위한 조정
'인터액션의 의미와 관련된 회화상의 교섭(CN-IM:conversational negotiation of interactional meaning)' ⇒ 상호작용과 관련된 화용상 및 문맥상의 의미를 이해하기 위한 조정
'전문적 지식과 관련된 회화상의 교섭(CN-EX:conversational negotiation of expertise)' ⇒ 특정한 일(업무, 직무, 사항 등)에 관한 전문적 지식 및 정보, 처리경험 등을 이해하기 위한 조정

[그림1] 본 연구의 분석방법과 이론의 상관관계

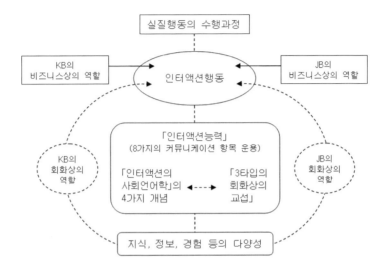

　　예를 들어, 직장에서 '과장인 JB'와 '사원인 KB'가 협동으
로 어떤 일(실질행동)을 수행하기 위하여 일본어로 의사소통하
고 있다고 가정합시다. 이 경우, 비즈니스상의 역할—과장(JB)
과 사원(KB)—에 의해, JB가 상위자(上位者)로 힘(power)을 가
지고 있다고 말할 수 있습니다. 이러한 관계를 가지고 의사소통
할 때, KB에게 JB의 발화내용(예를 들면, 어휘)이 잘 들리지 않거
나, 들렸다 하더라도 의미를 적절히 이해하지 못한 경우, KB는
그 어휘의 의미를 되묻거나 확인할 필요가 있습니다(CN-PM).

또 그 실질행동을 수행하는 데 필요한 지식 및 정보, 경험 등의 사회문화능력을 KB가 더 풍부하게 가지고 있는 경우도 있을 수 있습니다. 이 경우, 사원(KB)은 이러한 사회문화능력을 사용하여 과장(JB)에게 업무(실질행동)의 해결방안을 제안하기 위한 'CN-EX'를 실시할 수도 있습니다. 그때, 이러한 제안에 의해, 서로의 비즈니스 역할(과장과 사원)이 지니고 있는 상술한 힘(power) 관계가 불균등해짐과 동시에, KB가 JB보다 상위에 서는 잠정적인 '회화상의 역할'이 구축될 수 있습니다[미야조애 웡(宮副ウォン 2005) ; 정규필(鄭圭弼 2008)]. 뿐만 아니라, 그 실질행동의 신속한 수행을 위하여, 사원(KB)이 과장(JB)에게 의뢰를 해야 하는 경우도 발생할 수 있습니다. 이런 경우, 서로는 대인관계 유지에 대한 배려를 의식하기 때문에, 표현의 화용상 의미 및 메타메세지의 의미를 이해하기 위한 회화상의 교섭(CN-IM)도 일어날 수 있습니다. 본 연구에서는 상술한 분석의 수순 및 이론을 사용하여 협력자가 실질행동을 어떻게 수행하고 있는가? 그 과정에 관한 분석 및 고찰을 실시합니다.

제3장

조사결과

제3장에서는 6명의 협력자를 대상으로 상술한 조사방법을 실시한 결과를 보고합니다. 구체적으로 먼저, '(1)조사협력자의 속성'에서 성별, 연령, 일본어 학습력, 업종, 근무기간 등에 관해 확인한 후, '(2)조사협력자의 비즈니스 환경'에서는 각 협력자가 어떤 업종의 직장에서 누구와 어떤 업무를 담당하고 있는가에 대해 진술합니다. 또한 '(3)조사협력자로부터 확인된 장면 및 실질행동'에서는 각자의 직장에서 관찰된 다양한 장면 및 실질행동에 대해 다루고, 마지막으로 그중에서 '(4)본 연구에서 분석 대상으로 삼는 실질행동'에 대해 언급합니다.

제1절 조사협력자의 속성

본 연구의 6명의 협력자에 대한 속성을 정리하면 [표5]와 같습니다.

[표5] 조사협력자의 속성

코드	KB1	KB2	KB3	KB4	KB5	KB6
성별	여	여	남	여	여	여
연령	40대	30대	40대	30대	30대	30대

일본어 학습력	7년	4년	2년	1년	6년	1년
일본 체제기간	10년	6년	6년	3년	10년	8년
일본어 능력시험	1급 취득	1급 취득	수험경력 없음	1급 취득	수험경력 없음	수험경력 없음
업종	통번역업	부동산업	무역· IT업	광고업	관광업	부엌용품 제조업
직위	사원	사원	과장	부장	사원	사원
근무기간 (일본에 한함)	2년	1년 9개월	6년	3년	3년	2년 7개월
인터뷰 시간 (분)	102	91	67	50	90	71
조사시기	2009년 1월 - 4월					
데이터 수집방법	인터액션 인터뷰(Interaction interview)와 펄로우업 인터뷰(Fullow up interview)를 실시하며, 그 과정을 IC레코드로 녹음함					

* 모든 내용은 조사시기에 의한 것임

제2절 조사협력자의 비즈니스 환경

(1) KB1의 환경

KB1은 통·번역 업종의 회사에 근무하고 있습니다. 이 회사는 관리부와 광고부로 구성되어 있으며, 주로 한국어와 일본어를 통·번역하는 사업을 맡고 있습니다. 구체적으로는 한국과 일본에 연관되어 있는 양국의 다양한 기업으로부터 상품의 전시와 판매에 관한 이벤트를 수주하고, 그 이벤트에 참가하는 한국인과 일본인의 회화를 한일 양국의 언어로 통역하거나, 관련 서류를 번역하는 비즈니스를 하고 있습니다. 이 회사의 종업원은 KB1을 포함해 총 9명이고, 이 중, 일본인 5명과 재일한국인 3명이 KB1과 함께 근무하고 있습니다. 이러한 비즈니스와 종업원 구성으로 인하여, 이 회사에서는 일본어와 한국어가 사용되고 있습니다. KB1은 광고부서에 소속되어 있으며, 사원으로서 2명의 상사와 함께 여러 가지 업무를 수행하고 있습니다. KB1이 실제로 통역을 하지는 않지만, 자사의 업무를 홍보하는 것부터 시작하여, 상술한 이벤트를 준비하거나, 그 이벤트의 내용을 한일 양국 언어로 번역하고 문서화한 후, 다른 관계기업에게 우송하는 등의 업무를 담당하고 있습니다.

(2) KB2의 환경

KB2의 회사는 부동산 업종입니다. 이 회사는 영업부, 총무부, 경리부로 구성되어 있으며, 외국인 비즈니스 관계자는 KB2뿐입니다. KB2는 입사와 동시에, 영업부에 배속되어 3명의 상사와 함께 근무하고 있으며, 그로부터 본 인터뷰가 시행될 때까지 1년 9개월이 지났습니다. KB2의 담당업무는 여러 가지 물건(物件: 건물과 토지 등)의 현장조사를 하는 것과, 그 조사결과(건물의 소재지, 면적, 용도, 건설목적 등)을 컴퓨터로 지도와 함께 파일화하는 등 다양합니다.

(3) KB3의 환경

KB3는 2001년 당시, 정부산하기관인 중소기업청에서 해외인재파견의 일환으로 실시한 교육을 받았습니다. 이후, 2003년 파견요원으로서 일본으로 건너와 2005년부터 정사원으로 시작하여 현재에 이르고 있습니다. KB3가 근무하고 있는 회사는 무역업과 IT업을 겸하고 있으며, 이 회사는 관리부, 총무부, 영업부, 개발부로 구성되어 있습니다. 이 회사 내의 외국인은 KB3뿐이며, KB3는 영업부에 배속되어 과장을 맡고 있습니다. 또한 그의 담당업무는 3명의 일본인 부하와 함께 한국의 화장품을 수입하여 일본 국내에 유통시키는 과정을 맡고 있습니다.

(4) KB4의 환경

KB4는 한국(서울) 소재 광고업의 회사에 소속되어 있으며, 인재 및 회사관리가 담당업무입니다. 구체적인 내용으로서, KB4는 일본에 투자를 원하는 한국인을 위하여 투자할 품목과 비용 등에 관한 전략을 세운 후, 투자를 하는 측(한국인)과 투자를 받는 측(일본인)을 연결시키고 관리하는 비즈니스를 행하고 있습니다. KB4는 인터뷰 당시, 한국의 2사(社)와 일본의 1사(社)를 관리하고 있었으며, 특히, 투자를 받는 측(일본의 1사)에 상주하면서, 한국의 투자 측과의 협의를 맡고 있었습니다. KB4의 직급은 부장이며, 상술한 담당업무를 상주하고 있는 회사의 관리자(사장, 이사장)와 함께 수행하는 경우가 많습니다.

(5) KB5의 환경

KB5는 여행 및 관광업의 회사에서 근무한 지 3년이 지났습니다. 이 회사는 여행상품을 기획하고 판매하는 판매영업부와 해외(특히, 한국)에서의 숙박업체를 수배하여 소비자에게 알려주는 숙박판매부로 구성되어 있으며, 총 10명이 근무하고 있습니다. KB5 이외의 외국인 사원은 없으며, 일본인 파트직원 1명이 KB5의 부하직원으로서 근무하고 있습니다. KB5는 숙박판매부에 소속되어 있으며, 숙박업체의 수배와 관련된 다양한 업무를 일본어와 한국어로 수행하고 있습니다.

(6) KB6의 환경

KB6는 부엌관련용품을 제조 판매하는 회사에서 근무하고
있습니다. 이 회사는 영업부와 기획부, 생산부로 구성되어 있으
며, KB6는 기획부에 소속되어 있습니다. KB6는 생활용품, 특
히, 밥그릇, 접시, 컵 등과 같은 식기를 디자인하는 업무를 맡고
있으며, 이 업무를 시작한지 2년 7개월이 흘렀습니다. KB6가
디자인한 식기의 견본은 모든 부서 사람이 회의실에 모여 함께
확인하며 토론하는 과정을 거치며, 이 과정을 통과한 견본만이
생산부에서 생산되어 각 판매점으로 유통됩니다. KB6는 이러한
과정과 관련하여 디자인과 프레젠테이션 등의 업무를 일본어로
수행하고 있습니다.

제3절 조사협력자로부터 확인된 장면 및 실질행동

본 연구의 조사방법을 이용하여, 6명의 협력자와 필자가 1대
1로 만난 상황에서 인터액션 인터뷰를 실시하였습니다. 그 결
과, 각 협력자로부터 직장에서 참여하고 있는 장면과 그 장면
속에서 실제로 행하고 있는 다양한 실질행동이 관찰되었습니
다. 그 결과를 [표6]에 정리하였으며, 각 협력자별로 상세히 설

명하면 다음과 같습니다.

[표6] 조사협력자에 의한 장면 및 실질행동

협력자	참여한 장면	확인된 실질행동
KB1	회의 및 미팅	되묻기(聞き返し), 대우(待遇)행동, 제안
	공문서 작성 및 발송	업무분담, 컴퓨터 조작
	다른 여러 가지 장면	확인, 부탁
	직장 전반	스트레스
KB2	회의 및 미팅	되묻기(聞き返し), 대우(待遇)행동
	물건(건물과 토지 등)에 관한 정보관리	의사표명, 컴퓨터 조작
	다른 여러 가지 장면	되묻기(聞き返し), 부탁, 작별인사
	직장 전반	스트레스
KB3	회의 및 미팅	거절, 화제의 진행방법, 되묻기(聞き返し)
	다른 여러 가지 장면	의뢰
	직장 전반	스트레스

KB4	회의1(상대:상사)	프레젠테이션
	회의2(상대:부하)	업무 진척도 파악, 부하 관리 (칭찬과 질책)
	전화응대	확인
	점심식사	식사 권유
KB5	회의	확인
	점심식사	식사 권유
	접객	확인
KB6	회의	프레젠테이션
	상담(商談)	대우(待遇)행동, 확인
	점심식사, 회식	점심권유, 회식권유

먼저, KB1, KB2, KB3의 '참여한 장면'이 '회의 및 미팅' '다른 여러가지 장면' '직장전반'의 3가지로 나뉘어 있습니다만, 그 내용은 다릅니다.

KB1에 대해, '회의 및 미팅'은 '비즈니스 환경'에서 언급한 "이벤트"와 "번역" 업무에 관해 회의실에서 동료와 상사가 함께 의논하면서 역할분담을 결정하는 장면입니다. 그 과정 속에서

되묻기(聞き返し)와 대우(待遇)—존경어, 겸양어 등의 적절한 사용—과 더불어 제안(提案) 등의 실질행동이 확인되었습니다. 또한, '공문서 작성 및 발송'은 KB1이 소속되어 있는 광고부서에서 상사와 함께 진행됩니다. KB1에게 있어서 공문서는 회사가 기획하고 있는 사업의 내용과 실시일자 및 장소 등의 정보를 일본어와 한국어로 번역하여 워드프로세스(이하, 워드라고 함)로 문서화한 것으로, 이것을 그 사업과 관련된 대사관과 기업 등에 발송하는 것입니다. KB1은 작성해야 하는 공문서의 양이 많기 때문에 상사에게 분담과 발송에 맞춰 상술한 정보를 사전에 요구하려고 합니다. 그러나 그 요구 및 의뢰를 위한 일본어 사용에 어려움을 겪고 있으며, 그 결과 심한 스트레스를 느끼고 있습니다. '다른 여러 가지 장면'이란, 예를 들어 일을 하는 도중에 옆에 있는 동료에게 볼펜이나 스테이플러 등의 사무용품을 빌리거나 빌려줄 때, 또는 서류 복사 시, 간단한 지시나 의뢰 등과 같이 직장에서 비교적 자주 일어나는 실질행동이 포함되어 있는 상황을 의미합니다. '직장전반'의 '스트레스'란, 사내에서 동료 또는 상사와 함께 업무를 수행하기 위한 일본어뿐만 아니라, 상술한 간단한 지시 및 의뢰를 실행하기 위한 일본어가 적절히 구사되지 않고, 이러한 것들이 쌓여서 발생하는 것을 말합니다. 이처럼 다양한 실질행동이 적절하게 되지 않을 경우, 스트레스를 안고 있는 데이터가 수집되어, 스트레스를 '실질행동'의 일종으로 취급하여 논하고자 합니다.

KB2에 대해, '회의 및 미팅'은 '비즈니스 환경'에서 언급한 현장조사 결과—건물의 소재지, 면적, 용도, 건설목적 등—을 동료와 상사가 공유하기 위한 장면입니다. 그 공유과정에서 상대에 대한 정중도를 대우(待遇)표현으로 조정하면서 되묻기(聞き返し)를 구사하는 행동이 관찰되었습니다. 또한, '물건(건물과 토지 등)에 관한 정보관리'는 KB2가 현장조사에서 수집한 데이터를 지도와 함께 파일화하거나, 또는 그 데이터를 수정한 후에, 이것을 다른 목적으로 사용하는 동료 및 상사에게 전달하는 과정이 포함되어 있습니다. 그러나 이 과정에서 필요한 자신의 생각이나 의사를 적절하게 언어화할 수 없을 뿐만 아니라, 수정작업과 관련된 사회문화능력의 적절한 사용이 어려워, 그 결과 심한 스트레스를 안고 있는 것이 확인되었습니다. '다른 여러 가지 장면'은 상술한 KB1의 내용과 더불어, 현장조사를 위해 외출할 때와 하루 일과를 마치고 퇴근할 때의 적절한 작별인사행동을 어떻게 할 것인가에 대한 데이터가 수집되었습니다. 이러한 실질행동들이 '직장 전반'에 걸쳐 적절하게 이루어지지 않았을 때, '스트레스'를 강하게 느끼고 있는 측면이 확인되었습니다.

KB3의 '회의 및 미팅'은 '비즈니스 환경'에서 언급한 영업부 과장으로서의 업무—한국의 화장품을 수입하여 일본시장에 유통시키는 일—을 수행하기 위해 부하직원과 함께 영업부에

서 의논하는 과정을 말합니다. 그 과정에서 일본인과 한국인의 거절행동, 화제(話題)의 진행방법, 되묻기(聞き返し) 등과 관련된 실질행동이 녹음 수집되었습니다. '다른 여러 가지 장면'은 상술한 KB1의 내용과 더불어, 특히 일본인의 의뢰행동에 관한 KB3의 생각이 진술되어 있습니다. 또한, 위와 같은 거절행동과 화제진행, 되묻기(聞き返し)와 관련된 실질행동들이 되지 않았을 때, '직장전반'에 걸쳐 '스트레스'를 느끼고 있는 측면이 확인되었습니다.

다음으로, KB4의 경우, '회의1' '회의2' '전화응대' '점심식사'라고 하는 장면이 확인되었습니다. '회의1'은 부장인 KB4가 자신의 상사―사장, 이사장―에게 진행 중인 업무에 관한 보고를 하고 질의응답을 하는 장면입니다. 이 장면에서 '프레젠테이션'과 관련된 실질행동이 관찰되었습니다. '회의2'는 부장인 KB4가 부하직원들과 회의실에 모여서 각 부하직원이 진행 중인 업무를 체크하는 장면입니다. 그 체크과정 속에서 부하에 대한 '업무진척도 파악'과 '부하관리(칭찬과 질책)'를 둘러싼 실질행동이 확인되었습니다. 또한 '전화응대'는 외부로부터 걸려온 전화를 받고 상대자의 소속, 이름, 용건 등을 들으면서 신속하게 대응하는 장면으로, 그 과정에서 일본어로 '확인'하는 행동이 수집되었습니다. '점심식사'는 12시에 KB4 자신이 부하와 상사에게 점심식사를 권유하는 장면이며, 일본어의 '권유'행동에 관한 데이터가 수집되었습니다.

KB5의 경우, '회의' '점심식사' '접객'의 장면이 확인되었습니다. '회의'는 담당업무—숙박업체 수배—를 수행한 후, 그 결과를 동료 및 상사와 공유하기 위하여 회의실에서 모여 논의하는 장면입니다. 그 과정에서 서로 간의 이해를 '확인'하기 위한 행동이 관찰되어 있습니다. 또한 '점심식사'는 KB5가 점심시간에 동료와 상사에게 점심을 권유하는 실질행동이 수집되어 있습니다. '접객'은 KB5가 손님과 함께 사무실에서 만나거나 전화를 통해서도 이루어집니다. 그 내용은 손님이 원하는 숙박업체가 어떤 형태(호텔, 콘도미니움, 게스트하우스 등)인가를 파악하고, 손님이 원하는 숙박업체를 추천하면서 일정 및 가격 등을 결정하는 것이며, 이러한 과정 속에서 다양한 '확인'행동이 관찰되어 있습니다.

KB6가 참여한 장면으로서, '회의' '상담(商談)' '점심식사'를 들 수 있습니다. '회의'는 KB6 스스로가 부엌용품—밥그릇, 접시, 컵 등—을 디자인하여 견본(시제품)을 만들고, 이것에 대해 회의실에서 모든 부서 사람들을 상대로 일본어로 설명한 후, 질의응답을 행하는 장면입니다. 이러한 과정 속에서 '프레젠테이션'의 실질행동이 관찰되었습니다. '상담(商談)'이란, KB6와 거래처 사람이 만나, KB6가 디자인한 부엌용품의 디자인과 형태, 가격 등에 대하여 논의하는 장면입니다. 그 논의과정에서 상대에 대해, 대우(待遇)표현(존경어와 겸양어 등)을 사용하여 '확인' 하는 행동이 관찰되어 있습니다. 또한 '점심식사/회식'은 KB6가 동료 및 상사에게 '점심권유'와 '회식권유'를 하는 행동이 포함되어 있습니다.

이상과 같이 6명의 협력자로부터 총 19장면에서 26개의 실질행동이 관찰되었습니다. 유의할 점으로는 각 장면과 실질행동은 명확하게 구분하여 별개의 것으로 보기보다는, 상호 유기적 관계로 보는 편이 타당하다고 생각되어 점선으로 구분하였습니다. 예를 들면, '직장전반'에 있은 '스트레스'는 회의 때도 느끼고 있으며, 또한, '식사 권유'의 성공이 많아질수록 동료와의 사적인 관계가 좋아질 수 있고, 이것이 또 다른 실질행동의 수행과정에 긍정적인 영향을 줄 수 있기 때문입니다.

제4절 본 연구에서 분석 대상으로 삼는 실질행동

상술한 바와 같이 6명의 협력자는 각자의 직장에서 동료 및 상사와 협동으로 다양한 실질행동을 수행하고 있는 것으로 밝혀졌습니다. 본 연구에서는 협력자로부터 공통적으로 나타나고 있는 실질행동의 일부에 한정하여 분석 및 고찰을 실시하고자 합니다.

구체적으로는 KB1, KB2, KB3를 대상으로, 직장에서 일본어를 사용할 때 어떠한 어려움을 겪고 있으며, 그에 대해 어떻게 대처하고 있는가에 관한 분석고찰을 실시합니다. 그런 다음, 특히 '반복되어 나타나는 사상'[미노우라(箕浦 1999:58) ; 정규필(鄭圭弼 2012:157)] 중, '스트레스(공문서 작성 및 발송 · KB1)(물건에 관한 정보관리 · KB2)' '식사 권유' '프레젠테이션'에 초점을 두고 각각에 관련된 인터액션 능력에 관하여 탐구합니다.

이러한 3가지의 실질행동을 분석대상으로 삼는 이유에 대해, 먼저 '스트레스'는 KB가 JB와 함께 실질행동을 행하기 위한 일본어의 인터액션 능력을 적절히 구사하지 못하는 상황이 축적됨으로써 나타난다고 생각합니다. 즉, 스트레스가 나타나는 구체적인 요인 분석과 어떻게 그것을 줄일 수 있는가? 라고 하는 경감행동에 관한 고찰이 필요하며, 이러한 연구결과는 일본인과 함께 일본어로 비즈니스를 수행하려고 하는 미래의 한국인 일본어 화자(학습자를 포함)에게 중요한 시사점을 줄 수 있기 때문입니다.

다음으로, '식사 권유'는 협력자로부터 '식사 권유를 어떻게 해야 하는지 모르겠다' '우리나라는 금강산도 식후경이라고 하는데, 일본인은 일을 더 중요하게 생각하는 것 같다' '함께 식사하면서 애기하는 것은 포기한 상태다' 등과 같이 의외로 식사 권유의 어려움을 호소하는 데이터가 다수 수집되어 있습니다. 특히,

어떠한 화제를 섞어가며 권유해야 하는지? 즉, 화제를 선택하고 전개하는 상호행위가 잘 되지 않는다는 협력자도 있어, '식사 권유'를 분석 대상으로 삼았습니다.

마지막으로, '프레젠테이션'을 분석대상으로 삼은 이유는 일본 현지의 회사 및 기업 등에서 프레젠테이션을 통한 업무보고와 질의응답이 일반화되어 있다는 것에 한하지 않습니다. 특정 사안에 대해 한정된 시간 내에 그 사안과 관련된 키워드를 적재적소에 사용하여 업무보고를 한 후 질의응답을 하는 행위는 한국어 모어 화자가 한국어를 사용하는 경우라 하더라도 상당한 훈련이 필요하다고 생각합니다. 더욱이 이러한 행위를 한국어 모어 화자가 일본어로 진행할 때, 그의 몇 배의 어려움과 부담감을 느낄 수 있습니다. 위와 같은 사항을 고려하여 실제의 비즈니스 현장에서 한국인 비즈니스 관계자가 일본어로 프레젠테이션을 어떻게 진행하고 있는가? 그 과정을 탐구하는 것은 의의가 있다고 생각합니다.

상술한 내용을 기반으로 제4장에서 제7장까지 조사협력자로부터 수집한 업무수행과정에 관한 '인터액션 인터뷰 데이터(Interaction Interview)'와 '펄로우업 인터뷰 데이터(Follow-up Interview)(이하, FUI)'를 대상으로 질적 분석 및 고찰을 실시합니다. 또한 그 과정에서의 데이터 인용은 **고딕꼴**로 나타내며, 'ママ'란 일본어 증언을 뜻합니다. 이상과 같이, 본 연구에서 분

석 및 고찰을 진행할 세부 목적 및 과제를 정리하면 [표7]과 같습니다.

[표7] 연구의 목적 및 과제

구분	세부 목적 및 과제	
제4장	【연구1】직장에서 한국인 비즈니스 관계자의 일본어 사용 시에 나타나는 문제와 대처행동	【과제1】KB가 직장에서 일본어를 사용할 때 어떠한 어려움을 겪고 있으며, 그에 대해 어떻게 대처하고 있는가?
제5장	【연구2】직무수행 시에 한국인 비즈니스 관계자가 느끼는 스트레스와 경감행동	【과제2】KB가 JB와 함께 일본어로 직무 '공문서 작성 및 발송' '물건(物件)에 관한 정보관리'를 수행할 때 느끼는 스트레스에 대해 어떠한 경감행동을 취하고 있는가?
제6장	【연구3】일본인 비즈니스 관계자에 대한 한국인 비즈니스 관계자의 식사 권유 행동	【과제3】직장에서 JB에 대해 KB는 식사 권유 행동을 어떻게 행하고 있는가?
제7장	【연구4】프레젠테이션을 행하기 위한 한국인 비즈니스 관계자의 인터액션 행동	【과제4】KB는 프레젠테이션의 과정 속에서 어떠한 어려움을 의식하고 있으며, 그것을 스스로 어떻게 극복하고 있는가?

제4장

직장에서 한국인 비즈니스 관계자의
일본어 사용 시에 나타나는 문제와 대처행동

본 장에서는 KB1, KB2, KB3를 대상으로, 각자 직장에서 일본어를 사용할 때 어떠한 어려움을 겪고 있으며, 그에 대해 어떻게 대처하고 있는가에 관한 분석고찰을 실시합니다. 상술한 조사방법을 사용하여 각자에 대한 인터액션 인터뷰를 실시한 결과를 [표8](KB1), [표9](KB2), [표10](KB3)에 정리하였습니다.

제1절 인터액션 인터뷰 데이터

[표8] KB 1 에 대한 인터액션 인터뷰 데이터

장면	실질행동	데이터
회의 미팅	되묻기 (聞き 返し) 대우 (待遇)	① 부탁받은 내용을 이해하지 못해서 다시 물어볼 때, 상대가 상사인지 동료인지에 따라 물어보는 방법이 다르고 한 번에 정확하게 물어보는 것이 어렵다. ② 부끄럽기 때문에 반복해서 물어보지 않고, 알고 있는 척할 때도 있다. ③ 상사한테는 어떻게 물어보면 되는지 잘 모르겠다. 어렵다고 생각한다. ④ 지시를 한 번에 알아듣지 못하는 나 자신도 능력 부족이라고 생각한다.

	제안	⑤ 제안은 가능한 한 하지 않는다. 내 상사는 자신의 의견을 주장하는 사람을 별로 좋아하지 않는다. 한국인은 자신의 주장이 강하다고 생각한다. 이전에 그러한 타입의 한국인이 있었는데 상사와 트러블이 생긴 적이 있다.
다른 여러 가지 장면	확인	⑥ 동료와 상사로부터 부탁받은 것을 확인할 때, 무의식적으로 한국적인 말이 나와버려 오해받은 적이 있다. 예를 들면, 자료입력을 부탁받고 수십 분이 지난 후, 그것을 확인할 때, 일본어라면 "あの先ほどおっしゃったあの資料の内容を入力したいのですがあの内容を私は持ってなくて(ママ)"라고 말하겠지만, "その資料渡してくれなかったでしょ！(나한테 그런 자료 준 적 없잖아요!)(ママ)"라고 한국식의 말을 하는 경우가 있다.
직장 전반	스트레스	⑦ 상사는 컴퓨터에 관한 지식이 제로에 가까운 사람으로 컴퓨터로 일을 하면 뭐든지 빨리 할 수 있다고 생각하는 사람이다. 상사에게 컴퓨터에 관한 설명은 하지 않지만, 컴퓨터로 하는 일은 전부 내가 도맡아 하고 있다. ⑧ 공문서를 보낼 때, 한 번에 40에서 50군데 정도 보내는데, 그때, 받는 사람의 리스트를 미리 준비해 주면 빨리 보낼 수 있는데 상사는 그걸 해주지 않는다. 그런 경우, 상대가 한국인이라면 "部長！これ送るんだったら宛先のリストくださらない

といけませんよ！(아니 부장님 이거 보내실 거면 주소록 주셔야 되는 거 아니예요?)(ママ)"라고 말할 수 있을 텐데…

[표9] KB2에 대한 인터액션 인터뷰 데이터

장면	실질행동	데이터
회의 미팅	되묻기 (聞き 返し) 내우 (待遇)	① 회의의 흐름이 파악되지 않는 경우가 많다. 그래서 회의 중에 "이것은 내가 할 일이다"라고 예상할 수 있다면 그 일을 사전에 준비할 수 있을 텐데 그게 안 되고 바로 물어보는 것도 좀처럼 쉽지 않다. ② 회의 중에 의논되고 있는 내용을 모를 때 리더로부터 "おいなんの話かわかった？(ママ)"라고 지적받기도 한다. 이런 경우 상대가 상사인 경우와 동료인 경우 어떻게 적절하게 물어보면 되는지 잘 모르겠다. ③ 부탁받은 내용을 잘 이해지 못하는 경우가 있다. ④ 친구와는 적당히 말해도 통하지만, 회사에서는 전혀 다르다. 상대가 상사인지 동료인지에 따라 말이 달라진다. 그 조절이 잘 안 된다. ⑤ 일을 하고 있을 때 동료사원으로부터 볼펜을 빌릴 때, "お貸ししてもいいですか(ママ)"라고 물으면 상대가 "借りるよね(ママ)"라고 말한다. 이런 실수가 많다.

다른 여러 가지 장면	되묻기 (聞き 返し)	⑥ 동료가 "ファイルを地図におとしておいて(マ マ)"라고 말한 적이 있는데 그때 나는 "打ち込ん でおいて(ママ)"라고 들었다. 파일을 확인한 결 과 입력되어 있었기 때문에 "どういうこと(マ マ)"라고 물었는데 상대도 "どういうこと(ママ)" 라고 대답해 서로 오해한 적이 있다. 그때 동료 가 "またかよ(ママ)"라고 혼잣말했다고 생각하 면 기분이 처진다.
	작별인사	⑦ 상사보다 먼저 퇴근하고 싶을 때, 그때의 사정과 미안함이 잘 표현되지 않는다.
직장 전반	스트레스	⑧ 지금까지 대답한 모든 내용에 대해 스트레스를 느끼고 있다. 자신의 하위레벨의 일본어 능력에 가장 많은 문제가 있다고 생각한다.

[표10] KB 3에 대한 인터액션 인터뷰 데이터

장면	실질행동	데이터
회의 미팅	거절	① 의뢰에 대한 일본인의 거절에는 간접적이고 부 드럽게 미안함을 표현하는 특징이 있다고 생각 하고 그러한 특징은 한국인과 다른 점이라고 생 각한다. ② 일본에 와서 2년 정도는 거절당해도 내가 거절당 했는지 파악되지 않았다.

이야기의 진행방법	③ 다른 회사의 일본인 영업사원과 우리 회사의 일본인 사원이 영업에 관한 회화를 하는 것을 지켜보면 한국인끼리와의 차이를 느낀다. 일본인은 "すみません"이라고 정중하게 말하면서 "なんでしょうか"등의 표현을 사용하여 회화를 시작하는 경향이 있지만, 한국인은 처음부터 영업사원의 애기를 들으려고 하지 않고 싫다고 말하면서 거절하는 경우가 있다. ④ 일본인끼리의 영업에 관한 애기의 흐름은 회의와 같은 경우에도 나타난다. 일본인과 회의할 때, 일본인은 자기주장을 피하면서 스무스하게 진행하는 경향이 있기 때문에, 그 장소의 분위기를 파악하기 어려울 때도 있다. 이 때문에 어떤 안건이 잘 진행되고 있는 것처럼 보이지만 실은 반대 방향으로 흐르고 있는 경우도 적지 않다.
되묻기 (聞き 返し)	⑤ 지금 말한 것(④)처럼 회의 분위기가 파악되지 않는 경우와 일본인과의 회화가 이해되지 않는 경우, 그 장소에서 바로 물어보는 것이 중요하다. 그러나 묻는 횟수가 많으면 반대로 마이너스 평가를 받을 가능성도 있다. 그렇기 때문에 어떻게 물으면 되는가가 중요하다. 전략적으로 어떻게 물어볼까. 예를 들면, 다른 질문을 하면서 정말로 듣고 싶은 내용을 이끌어 내는 능력이 중요하다고 생각한다. 그런 능력을 가지고 있는 사람은 자신의 약점을 커버할 수 있는 사람이라고 생각한다.

다른 여러 가지 장면	의뢰	⑥ 가벼운 의뢰와 대답을 할 때, 다소 한국적인 표현을 하기도 한다. 예를 들면, 미안함을 표현하지 않고 그대로 말해버리는 경우가 있다.
직장 전반	스트레스	⑦ 일본인의 부하·동료·상사와의 대인관계를 구축하고 발전시키는 것이 어렵다. 일본인이 먼저 말을 거는 경우는 거의 없고, 자신이 원하는 정보를 얻거나, 보통 때 업무를 원활히 수행하기 위해서도 업무과 관련 없는 애기를 하면서 대인관계를 구축하고 유지해 둘 필요가 있다. 하지만 이것이 잘 되지 않는다. ⑧ 의견이 서로 다를 때, 일치시키기 위한 표현이 어렵다. ⑨ 상대방이 말한 내용을 이해하지 못했을 때 전략적으로 물어보는 것은 어렵다고 생각한다.

제2절 분석

위 데이터를 대상으로 KB1, KB2, KB3가 JB와의 인터액션 속에서 어떠한 어려움을 의식하고 있고, 그것에 대해 어떻게 대처하고 있는지에 대해, 각 표의 '장면'을 중심으로 통합적 분석을 실시하면 다음과 같습니다.

2.1 회의와 미팅

(1) KB1, KB2, KB3로부터 '회의' 및 '미팅' 장면에서의 인터액션을 어렵게 의식하고 있다는 인터뷰 내용이 가장 많았습니다. 특히, 공통적으로 '되묻기'[6] 행동을 어렵게 의식하고 있다는 것을 알았습니다. 또한 개별적 특징을 살펴보면, 먼저, KB1은 상사에 대한 되묻기를 어렵게 생각하고 있으며([표8]①③), KB2는 '**회의의 흐름이 파악되지 않는다**'라고 하여 회의 때의 인터액션 자체를 어렵게 인식하고([표9]①②③) 있다는 것이 나타났습니다. 한편, KB3는 a.간접적으로 미안함을 표명하면서 행하는 일본인의 '거절'의 특징([표10]①)에 대해, 자신이 거절당했는지 아닌지가 파악되지 않았던 경험을 진술했습니다([표10]②). 또, b.일본인끼리의 영업관련 회화에 나타난 정중함의 특징([표10]③)은 회의와 같은 회화 속에서 '**자기주장을 피하는**' 형태로서 표출되는 경향이 있기 때문에, 회의 때 화제(안건)의 행방을 파악하기 힘든 경우가 있다고 말하고 있습니다([표10]④). 이러한 것이 직무수행 중에 발생한 경우, 되묻기를 어떻게 하여 상대로부터 듣고 싶은 내용을 이끌어 낼 수 있는가가 중요하다, 라는 것을 알 수 있습니다([표10]⑤).

---

6) 본 장의 조사협력자가 말하는 '되묻기'는 다음과 같은 의미를 가집니다. 즉, ①어떻게 하면 되묻기의 횟수를 줄이면서 그 내용을 노골적으로 말하지 않는 전략을

(2) '되묻기'에 있어서, KB1과 KB2의 공통점과 상이점이 관찰되었습니다. 공통점은 상대(동료/상사)에 맞는 대우(待遇)레벨의 표현이 적절하게 구사되고 있지 않다는 점([표8]①②, [표9]⑤)입니다. 상이점은 KB1이 상사에게 '되묻기'를 어렵게 의식하고 있는([표8]①②③ 등) 반면, KB2는 상사는 물론 동료에 대해서도 '되묻기'를 어렵게 인식하고 있다는 것입니다([표9]②⑤). 한편, KB3는 되묻기의 대우레벨에 관한 데이터는 수집되지 않았습니다.

2.2 다른 여러 가지 장면

(1) KB1은 컴퓨터를 사용하여 자료를 입력하는 부탁을 받은 후, 그 내용을 다시 확인할 때, 한국적인 어투를 무의식적으로 사용함으로써 오해를 받은 적이 있었다고 합니다([표8]⑥).

(2) KB2는 직장에서 빈번하게 일어나는 가벼운 의뢰가 잘 되지 않는 것과, 동료나 상사로부터 의뢰를 받지만 그 내용을 이해하지 못하고 있는 경우가 발생하고 있습니다([표9]⑤⑥).

(3) KB3에 대해서는 스스로 의뢰를 할 때, 미안함이 적절하

사용하여, 물음에 대한 답을 얻어 낼 수가 있는가? ②상대와 상황에 맞는 '되묻기'의 '대우(待遇)'레벨의 표현법.

게 표현되지 않는다, 라고 자가진단하고 있으며, 이것이 스스로
가 말하는 "한국적인 표현"을 산출하게 하는 원인으로 작용하고
있다고 추찰됩니다([표10]⑥).

2.3 스트레스

본 장의 조사에서는 동료 및 상사와 함께 직무를 수행할 때
'스트레스'[7]를 느끼고 있는 측면이 관찰되었습니다. 직장에서
일본어를 사용한 인터액션에서 '갈등처리전략'의 중요성을 언
급하고 있는 연구[미야조애 웡(宮副ウォン 2003)]와 'conflict의
전개 · 관리 · 해결의 전략'를 분석하고 있는 연구[자토라우스키
(Szatrowski 2004)]를 감안하면, 스트레스는 금후의 연구과제
로 발전시키는 데 중요한 관점이라고 생각합니다. KB1, KB2,
KB3는 직장에서 스트레스를 느끼고 있지만 그 내용은 각각 다
릅니다.

(1) KB1은 자신의 담당업무를 파악한 후, 그것을 보다 신속
하게 처리하기 위하여 '**상사에 대한 추가자료 요구**'와 같은 의뢰

---

7) 본 장의 조사협력자가 말하는 스트레스는 제2언어(일본어) 사용상에 나타나는 스
    트레스라고 말할 수 있으며, 다음과 같은 의미를 가집니다. ①일본어를 사용하여
    동료와 상사에 대한 의뢰, 요구 등이 잘 되지 않아 발생하는 것. ②동료 및 상사와
    의 대인관계 구축이 적절하게 되지 않아 발생하는 것.

를 생각하고 있지만, a.그때의 적절한 의뢰법을 몰라, 이것이 의
뢰 회피로 이어짐으로써 발생하는 스트레스([표8]⑧)를 안고 있
습니다. 또한, b.업무분담에 대해서도 스트레스를 느끼고 있습
니다. 즉, KB1은 상사보다 컴퓨터의 조작능력이 높기 때문에 업
무량이 증가하고 있으며, 이 증가한 업무량을 상사와 분담하려
고 하지만, 그것을 위한 일본어 표현을 적절히 구사하지 못해
스트레스([표8]⑦)를 느끼고 있습니다.

  (2) KB2는 직장에서 거의 대부분의 장면과 실질행동으로부
터 스트레스를 안고 있다고 합니다([표9]⑧). KB2는 자기자신의
일본어 능력이 하위레벨이며 '의뢰' '확인' '되묻기' '대우'와 같
은 '사회언어능력'이 매우 부족하다고 의식하고 있습니다. 동시
에 자기자신의 일본어 능력에 대한 스트레스를 강하게 느끼고
있었습니다([표9]⑧). 뿐만 아니라 그러한 사회언어능력의 부족
이 인터액션의 실패를 초래했을 때, 동료와 상사로부터 공적인
장소(회의 등)에서 대화내용의 이해 유무를 확인받는 경우가 있
으며([표9]②등), 그때 스트레스가 더욱더 심화되어, 결과적으로
직무수행에 있은 자신감 저하로 이어지고 있었습니다.

  (3) KB3는 '보통 동료가 자신에게 말을 거는 경우는 거의 없
다'([표10]⑦)라고 진술하면서도, 어떻게 하면 사적인 관계를 구

축하여 유지할 수 있을까에 관한 고민을 안고 있었습니다. 즉, 직장에서 업무적인 용무가 없는 한, 서로 대화하는 경우가 극히 드물어 보입니다. KB3에게 있어서, 어떤 일을 동료 및 상사와 협동으로 수행해야 할 경우, 그 일을 원활하게 진행하기 위해서라도 평소에 동료 및 상사와의 사적인 관계를 구축하여 유지해두는 것이 중요하지만, 이러한 사적인 관계의 구축과 유지가 잘되지 않을 때, 스트레스를 느낀다고 합니다([표10]⑦).

제3절 고찰

상술한 분석내용으로부터, 본 4장의 협력자가 의식하고 있는 인터액션상의 문제점을 2가지로 말할 수 있습니다. 첫째, 협력자 3명이 '되묻기'를 어렵다고 인식하고 있다는 것입니다. 회의와 미팅에서 일어나는 문제 해결, 또는 직무수행을 위한 회화를 할 때, 의미를 이해하지 못하는 경우나 이해부족 등이 발생했을 때, '되묻기'가 중요하다고 느끼고, 이것의 표현방법을 의식적으로 궁리하고 있지만, 적절하게 구사 되지 않는 것을 문제로 느끼고 있었습니다. 스스로 실력을 쌓고 싶다고 말하는 '되묻기' 능력의 특징으로서는 '어떻게 하면 듣고 싶은 내용을 이끌어 낼 수 있을까?'라고 하는 '전략적인 되묻기'(KB3⑤)와 '적절하게 되묻는 법'(KB1①, KB2②)을 들 수 있습니다. 이것은 상대로 부터 이끌어 내려고 하는 내용을 명시적으로 물어보는 것이 아니라, 관계성이 희박한 다른 업무를 의식적으로 되묻기에 포함시키면서, 원하는 내용을 이끌어 내려고 하는 의미로 해석할 수 있습니다. 이러한 되묻기 방법을 궁리하고 있는 이유에는 다음과 같은 3가지를 들 수 있습니다.

    a. 장소(회의와 미팅 등)의 분위기를 유지[8]하기 위한 '되묻기의 횟수 제한'

    b. 되묻기의 횟수가 증가했을 때, 동료 및 상사로부터 받는 '마이너스 평가의 미연 방지'

    c. 일본어로 직무를 수행할 때 요구되는 사회언어능력과 사회문화능력에 관한 지식 및 경험 등의 부족함에 대한 '자신의 약점 커버'

본 4장의 협력자는 비즈니스 현장에서 위의 3가지 불안 요소를 의식하면서 되묻기를 궁리하고 있었습니다. 이러한 되묻기

---

8) 여기서 말하는 "분위기의 유지"란, 회의 및 미팅에 참가한 일본인의 동료 및 상사끼리가 주고 받는 대화내용을 이해하지 못하여 되묻기를 반복하면, 회의 및 미팅의 본래 목적이 흐려지는 경우가 있으므로, 이러한 경우를 초래하지 않는 상황을 말합니다.

의 특징은 지금까지 일본어 학습자를 조사협력자로 삼은 연구 [오사키(尾崎 1993) ; 이케다(池田 2003) 등]에 나타난 특징과는 다릅니다.

오사키(尾崎 1993)는 '되묻기'를 '청해 문제를 처리하기 위한' 상대와의 '공동행위'라고 표명한 다음, 되묻기의 분석결과를 '6개의 발화의도'—'반복 요구' '청취확인 요구' '설명 요구' '이해확인 요구' '반복 · 설명 요구' '청취확인 · 설명 요구'—로 정리하고 있습니다. 한편, 이케다(池田 2003)은 '일본인 비즈니스맨'과 '외국인 비즈니스 일본어 학습자'의 비격식적인 회화에 나타난 되묻기의 사용경향을 분석하고 있습니다. 분석을 진행할 때, 상술한 오사키(尾崎 1993)의 '6개의 발화의도'를 사용하여 각각에 해당하는 되묻기 전략을 확인한 다음, 수량적 분석을 행하고 있습니다. 이러한 선행연구는 '되묻기'를 '…요구'라고 하는 기능별로 정리한 후, 각각의 기능을 적절하게 사용하여 상대방에게 명시적인 반응을 요구하는 것에 초점을 두고 있습니다.

이에 반해, 본 4장의 연구에서는 상술한 3가지의 불안 요소를 염두에 두고 있기 때문에, 명시성이 낮은, 바꾸어 말하면, 화용상 및 문맥상의 의미(CN-IM)를 사용한 '되묻기' 전략을 스스로 생각하고 있는 것에 초점을 두고 있다고 말할 수 있습니다. 비즈니스 장면에서의 '되묻기'는 업무상의 평가, 그리고 퍼포먼

스에 직결되는 엄중함이 동반되고 있다는 것입니다. 즉, 직무를 수행하기 위해서는 애매한 이해로 인한 착오와 오해가 일어나지 않는 프로페셔널한 일본어의 운용 능력이 요구되고 있다는 증거입니다.

둘째의 문제점은 '스트레스'입니다. 특히 주목할 데이터는 '상사에 대한 추가서류의 요구···' '···상사와의 업무분담···'(KB1) / '동료 및 상사와의 인터액션 자체가 잘 안 됨'(KB2) / '일본인 부하 또는 상사가 내게 말을 거는 경우는 거의 없다···' '···업무적인 용무가 없는 한, 서로 얘기하는 경우가 거의 없다···'(KB3) 등입니다. 이러한 인터뷰 데이터에서 나타난 협력자의 스트레스를 직무수행을 방해하지 않고 경감시키기 위한 방법은 없을까? 그 가능성의 하나로서, "상사"와 "부하"라고 하는 비즈니스상의 역할관계에 변화를 주는 것입니다. 예를 들면, 미야조애 웡(宮副ウォン 2003, 2005)과 정규필(鄭圭弼 2008, 2013b)은 직장에서 수집한 자연회화를 분석대상으로 하여, 회화참가자가 당면한 직무를 해결해 가는 과정을 '회화상의 역할교섭'에 착목하여 분석 고찰하고 있습니다. 이하에서는 이러한 선행연구를 참고하여 상술한 데이터 분석의 고찰을 실시하고자 합니다.

먼저, 비즈니스상의 역할이란, 사원, 과장, 부장 등 명함에 명기되어 있는 직급을 의미합니다. 그러나 역할교섭이란, 이러한 직급이 회화 중에 교섭(변화)되는 것을 의미하지 않습니다. 회화참가자는 인터액션할 때 '사회언어능력'을 운용하고 있으며, 그 속에는 상대와의 비즈니스상의 역할관계를 나타내는 것의 하나로서 기본적인 스피치 레벨이 존재합니다. 예를 들면, '과장인 JB'와 '사원인 KB'가 협동으로 어느 직무를 수행하고 있다고 가정합시다. 이 경우, 비즈니스 역할관계상, 'JB는 보통체', 'KB는 정중체'라고 하는 기본적인 스피치 레벨이 존재하게 됩니다. 그러나 이러한 역할관계가 직무수행 중에 언제나 유지된다고는 볼 수 없습니다. 왜냐하면, 사회문화행동과 사회경제행동에 관한 지식 및 경험을 JB보다 KB가 더 많이 가지고 있는 경우도 있기 때문입니다. 이러한 경우, KB가 JB에게 업무의 해결안을 제안하고, JB는 그것을 받아들이는 과정에 관한 '전문적 지식과 관련된 회화상의 교섭(CN-EX : conversational negotiation of expertise)'에 의해, KB가 JB보다 상위에 서는 '회화상의 역할' 관계가 나타날 수 있습니다. 이처럼 비즈니스 역할이 아닌, '회화상의 역할'이 교섭됨으로써 당면한 직무가 원활한 해결에 이어지는 과정이 관찰되어 있습니다. 인터액션상의 의미를 이해하면서 '회화상의 역할'을 의식적으로 변화시키는 것이 문제(업무)를 해결하는 데 깊이 관련되어 있다는 것이 실증되어 있습니다. 즉, '상사에 대한 자료요구와 업무분담' '부하 및 상사와의 업무 이외의 회화'(등)에서 이른바 상사와 부하라고 하는 비즈니스상의 역할과는 다른 '회화상의 역할'을 구축한다면, '자료요구'와 '업무분담'(등)을 해결하기 위한 회화가 보다 원활히 진행될 수 있을 것으로 생각합니다.

[표11]업무수행 시에 발행하는 문제와 그 대처행동에 관한 고찰결과

고찰의 초점	되묻기(聞き返し)	상사에 대한 '자료 요구'와 '업무분담 요구'가 되지 않아 발생하는 스트레스
회화상의 역할교섭	-	비즈니스상의 역할과는 다른 회화상의 역할을 구축
회화상의 교섭	CN-IM	CN-EX
메타메세지	명시성이 낮은 메시지를 궁리	-
장면의 실마리	-	-
프레임	-	-
전략	3가지의 불안 요소를 고려한 되묻기 전략의 사용	-

인터액션 능력	3가지의 불안 요소를 고려한 인터액션 능력의 궁리 및 사용	사회문화행동 및 사회경제행동에 관한 지식 및 정보, 경험 등을 활용
8가지의 커뮤니케이션 항목	3가지의 불안 요소와 관련된 문맥(장소, 참가자, 화제, 경어 등)을 고려	'자료 요구'와 '업무분담 요구'에 관련된 문맥(장소, 참가자, 매체 등)을 고려

제5장

직무수행 시에 한국인 비즈니스 관계자가
느끼는 스트레스와 경감행동

제5장에서는 KB1의 '공문서 작성 및 발송'과 KB2의 '물건 (건물과 토지 등)에 관한 정보관리'의 수행과정에 초점을 둡니다. 그런 다음, 각자가 어떠한 스트레스를 느끼고 있으며, 그 스트레스를 줄이기 위해 어떠한 행동을 취하고 있는가에 관한 분석 고찰을 실시합니다. 각자의 인터액션 인터뷰 데이터를 [표12]와 [표13]에 정리하였습니다.

제1절 인터액션 인터뷰 데이터

[표12] KB1과의 인터액션 인터뷰 데이타

실질행동	'공문서 작성 및 발송'
데이터	대사관에 공문서를 만들어 보내는 경우가 많은데, 그 문서의 내용에 대해서 상사와 애기할 경우가 많습니다. 근데 스트레스도 많이 쌓여요. 왜냐면 저는 워드에 익숙해져 있지만, 이 회사는 한국과의 관계가 깊어서인지, 아래한글로 문서를 작성하고 있었습니다. 아래한글은 쓰기가 꽤 불편하고 일본어로 변환하는 것도 까다롭고 게다가 상사는 워드나 아래한글뿐만 아니라 컴퓨터에 관한 지식은 제로에 가까운 사람이라… 근데 컴퓨터로 일하면 뭐든지 바로 빨리빨리 할 수 있다고 생각하는 사람입니다. 그래도 상사라서 컴퓨터에 관한 설명은 하지 않습니다. 컴퓨터에 관한 일은 전부 내가 합니다.

	공문서를 보낼 때 한 번에 40에서 50군데씩이나 보냅니다만, 그게 좀 힘듭니다. 받는 사람에 따라서는 참가 인원 수라든지 내용도 조금씩 다르기 때문에 작성하는 데 시간도 많이 걸립니다. 근데 또 갑자기 시킬 때도 있기 때문에, 그러니까 만들고 있을 때 받는 사람의 리스트를 먼저 준비해 주면 보다 빨리 보낼 수 있는데 그걸 상사는 항상 해주지 않습니다. 그래도 해달라고 말하지는 않고 제가 다 찾아서 보냅니다만, 상사니까 말하기 어렵고, 그치만 한국이라면 해달라고 말할 수 있을 것 같은데… 한국인은 그렇게 말해도 상처받지 않을 것 같고, 예를 들면 한국인 상사라면 "부장님 이거 보내려면 받는 사람 리스트를 주시지 않으시면 안 됩니다 部長これ送るんだったら宛先のリストをくださらないとできませんよ(ママ)"라고, 지금 회사에서는 지금까지 얘기한 일과 대인관계가 존재하기 때문에 스트레스가 쌓입니다.

[표13] KB2와의 인터액션 인터뷰 데이터

실질행동	'물건에 관한 정보관리'
데이터	오늘도 6개의 PTF(물건파일)를 만들라고 했지만, 이 PTF 파일 하나 만드는 데 적어도 30분은 걸리는데, 5분 후에 "다 됐어?"라고 말하기에… 다시 만들어야 했지만 시간이 없었기 때문에 군데군데 수정한 것을 쳤더니, "전체를 하지 않으면 안 돼! 쉬운 일은 하나도 없어!"라고 화를 내기에 기분 나빴던 적도 있었습니다. 저의 일본어 능력과 일의 능력도 마다마다(ママ) 아직까지 부족하기 때문에 아무 말도 못 하고

그냥 "예"라고 말했답니다. 말하고 싶은 것은 많지만… 저도 말하고 싶지만 사실 욕먹는 경우가 많기 때문에… 저 자신도 잘 모르겠습니다. 사실 욕먹는 것보다 욕먹을 때 모르는 단어가 나오면 그건 또 무슨 뜻이지? 라고 그 단어에 집중합니다. 제가 생각해도 이상하지만, 사실 저도 폭발 직전까지 간 적도 많습니다. 하지만 한 숨 쉬면 나아지기 때문에 참을 수 있습니다. 또 일본어가 まだまだ(ママ) 잘 안 되고, 이런 저 자신을 상대방도 알고 있어서 여러 가지 물어봐 주는 경우도 있는데 그때는 미안하기도 합니다. 전 말의 센스가 まだまだ(ママ) 별로 없다고 생각한 적이 많고… 일에 대한 센스도 まだまだ(ママ) 별로… 회의에서 주고받는 말을 듣고 있으면, "아! 지금 이 일은 내 일이야"라고 알아차려야 되는데 그것이 잘 안 됩니다. (스트레스를 참고 있는 것에 대해) 전 잠시 혼자 있으면 스트레스 같은 게 해소되기도 합니다. 최근에는 누구한테 어떤 일을 부탁받을지 엄청 귀 기울이면서 지내고 있습니다.

제2절 분석

2.1 KB1의 '공문서 작성 및 발송'의 수행과정

KB1은 자사가 계획 중인 사업내용을 '대사관' 등에 알리는 업무를 담당하고 있습니다. 또한, 상사와 협력하여 각 기관에 맞는 공문서 내용에 대해 논의하고 최종적으로 결정된 내용을 문서화한 후 발송합니다. 이러한 일련의 수행과정에 대해서, KB1은 '한 번에 4-50군데로' 보낸 적도 있다고 증언하고 있는 것으로 보아, 작성해야 하는 공문서의 양이 많다는 것을 알 수 있습니다. 다음으로, '받는 사람에 따라서 내용도… 조금씩 다르다'라고 말한 것처럼, 각 기관에 따라 작성해야 할 공문서의 내용이 다릅니다. 더욱이 '갑자기 지시하는 경우도 있다'라고 덧붙여, 이 업무가 돌연 발생하기도 합니다. 즉, 다양하고 대량의 공문서 작성의 업무가 갑자기 발생할 때가 있으며, 그때 KB1은 각 수취인에 맞는 공문서를 신속 정확하게 작성하기 위하여 상사와 공문서의 내용에 대하여 의논합니다.

(1) 업무분담과 관련된 스트레스

KB1은 상사와 의논 중에 결정된 내용을 워드로 문서화합니다. 그때 ms-word와 '아래한글'을 병용하여 일본어와 한국어를 상호 변환하지 않으면 안 됩니다. 그러나 KB1에게 있어서 ms-word는 '익숙한' 반면, 아래한글은 일본에서의 장기체재로 인한 조작경험 부족으로 '서투르다'고 증언하고 있습니다. 그 결과, 문서화하는 데 시간이 걸리는 것이 문제입니다. 이러한 상황에 대해 KB1은 '스트레스도 쌓인다'라고 말한 후, '상사는 워드와 아래한글에 관한 지식은 제로에 가까운 사람'이라고 상사의 낮은 워드사용능력을 언급하면서, '컴퓨터로 일을 하면 뭐든지

할 수 있다고 생각하는 사람'으로, 상사에 대한 불만을 토로하고 있습니다. KB1은 문서화하는 데 시간이 걸리는 한편, 상사는 문서내용을 신속하게 입력할 정도의 워드사용능력을 가지고 있지 않습니다 이 때문에, KB1은 다양하고 대량의 공문서 내용을 혼자서 입력해야만 하는 상황이며, 이에 대한 스트레스를 느끼고 있는 것 같습니다. 이에 대해 '상사이기 때문에 컴퓨터에 관한 설명은 하지 않는다'라고 말한 후, '컴퓨터로 하는 일은 전부 다 내가 하고 있다.'라고 덧붙이고 있습니다. 이러한 데이터로부터 KB1은 대량의 공문서 내용 입력작업을 분담하고 싶어 하지만, 그 마음을 적절히 전달하지 못한 결과, 스트레스와 불만을 느끼고 있으며, 그러면서도 자신이 가지고 있는 워드의 조작능력을 최대한 발휘하여 입력을 계속하고 있습니다.

(2) 정보요구와 관련된 스트레스

KB1은 스트레스를 느끼면서도 공문서 내용의 입력이 끝나갈 때쯤 신속하게 발송하기 위하여, 상사에게 '받는 사람의 리스트'라고 하는 정보를 '먼저 준비해 주'도록 부탁하고 싶어 합니다. 하지만 이것을 잘 '표현하지 못하기' 때문에, '스스로 찾아서 전부 보내고' 있으며, 이러한 데이터를 볼 때, 상사에 대한 정보요구의 적절한 언어화가 되지 않고 있다는 것을 알 수 있습니다. 그러나 '표현하지 못하'는 이유에 대해서 '상사이기 때문에

말하기 어렵다'라고 대답하면서도 '한국이라면… 말할 수 있다'라고 덧붙였습니다. 뿐만 아니라, 그 구체적인 표현방법으로서, '**部長, これ送るんだったら宛先のリストをくださらないとできませんよ(ママ) = 부장님 이것 보내려면 수취인 리스트를 주시지 않으면 안 됩니다.**'라고 말할 수 있다고 진술해, 직접적인 정보 요구의 표현방법을 들었습니다. 이러한 데이터로부터 KB1은 상대가 한국인 상사라면, 공문서를 작성하는 과정에서 스트레스를 느꼈다고 하더라도, 정보요구의 언어화를 할 수 있다라고 해석할 수 있습니다.

이상의 '공문서 작성 및 발송'에 관한 데이터 분석을 통해 KB1은 대량의 공문서 내용을 혼자서 입력할 때 그것의 분담을 생각하고 있지만, 이를 위한 적절한 일본어의 언어화가 되지 않고 있으며, 이 때문에 스트레스를 안고 있다는 것이 밝혀졌습니다. 뿐만 아니라 이 스트레스는 상사에 대한 정보요구전략의 사용에도 부정적인 영향을 주고 있어, 스트레스에 대한 경감행동을 실행하지 못하고 있다는 것도 밝혀졌습니다. KB1에게 있어서, 자신이 작성해야 하는 공문서의 양이 많다는 점을 상사에게 전달할 필요가 있으며, 그때 업무분담과 상사가 가지고 있는 정보(수취인 리스트)가 필요하다는 것을 적절하게 일본어로 언어화할 수 있다면, 스트레스와 불만이 경감할 것이라고 생각됩니다.

2.2 KB2의 '물건에 관한 정보관리'의 수행과정

KB2는 토지와 건물의 면적 및 사용목적, 소재지 등의 정보를 지도와 함께 파일화하거나, 이미 파일화되어 있는 정보를 수정하는 업무를 담당하고 있습니다. 이러한 파일을 다른 목적으로 사용하는 동료가 있기 때문에 파일작성 또는 수정한 후, 그 동료에게 전달하는 경우도 있습니다.

(1) 물건파일의 수정과 관련된 스트레스

KB2는 6개의 물건파일을 수정했을 때에 관해 증언하기 시작했습니다. KB2가 수정을 개시하고 약 '**5분**' 후에, 이 파일을 필요로 하는 동료가 '**다 됐어?(다 만들었어?)**'라고 말해, 수정을 완료하지 않은 채로, '**시간이 없었기 때문에 군데군데 수정한 것**'을 건네주었습니다. 이에 대해 동료는 '**전체를 하지 않으면 안 돼, 쉬운 일은 하나도 없어! 라고 말하면서 화냈다**'라고 합니다. 이 회화에 있어서, KB2은 동료로부터 '**다 됐어?**'라고 들었을 때, 파일을 건네주기 전에, 아직 6개의 파일을 수정 중에 있으며, 모두 완료하기까지는 시간이 좀 더 필요하다, 라고 하는 의사표명을 명확하게 할 필요가 있었습니다. 그러나 KB2는 동료가 수정파일의 요구를 한 후부터 화를 낼 때까지 '**아무 말도 하지 않고 그냥 "예" 라고 말할 뿐이었다**'라고 증언한 것으로 보아, 의사

표명이 잘 안 되고 있다는 것을 알 수 있습니다. KB2는 그 이유에 대해, '私はまだまだ(ママ)'라는 말을 반복했습니다. 이에 대한 구체적인 의미로서, '일본어를 잘 말할 수 없'으며, '일본어능력적인 면' '말의 센스가 없다'라고 말해, 일본어의 '문법능력' 및 '사회언어능력'의 사용상의 어려움을 토로하고 있다는 것을 알 수 있습니다. 더욱이 '일의 측면' 및 '일의 센스가 없다'라고 덧붙여, 물건파일을 수정하는 데 필요한 전문적 지식과 관련된 '사회문화능력'이 부족하다는 것을 알 수 있습니다.

　KB2는 이러한 능력의 적절한 사용이 곤란함으로 인해, '욕먹는 것보다, 욕먹을 때 모르는 단어가 나오면 그것은 어떤 의미일까? 그것에 집중'한다 라고, 자기자신이 생각해도 '어딘지 이상한' 행동이 일어나고 있습니다. 또한, '회의에서 내가 해야 할 업무'를 모르고 있는 심각한 문제도 발생하고 있습니다. 이러한 것들에 대해, KB2는 '저도 폭발 직전까지 간 적도 많다'라고 증언하고 있는 것처럼, 상술한 인터액션능력의 궁리와 사용상의 어려움에 의한 '스트레스'[정규필(鄭圭弼 2010a:121)]를 심하게 느끼고 있습니다. 이 스트레스에 대해, KB2는 '한 숨 쉬면 나아지기 때문에 참'거나, '단시간 혼자 있으면 해소'된다고 언급해, 혼자서 참고 있는 것으로 보입니다.

(2) KB2에 대한 동료들의 반응

한편, KB2가 '이런 나를 상대방도 알고 있고 여러 가지 물어봐 주는 경우도 있는데 그때는 미안하기도 합니다'라고 증언하고 있는 것처럼, 동료들은 KB2의 인터액션능력의 사용상의 어려움을 짐작하고 대응해 주고 있다, 라고 KB2가 생각하고 있다는 것을 알 수 있습니다. 동시에, 이러한 동료들의 대응에 적절하게 대답하고 싶지만, 그것이 되지 않는 자기자신에 대한 반성과 동료에 대한 미안함이 섞여 있는 듯합니다. 이러한 의식을 기반으로 KB2는 '최근에는 누구한데 어떤 일을 부탁받을까? 라고 엄청 귀 기울이면서 지내고 있다'라고 증언해, 동료와 상사로부터 다양한 직무를 부탁받았을 때, 자기자신이 가지고 있는 일본어의 커뮤니케이션능력과 사회문화능력을 최대한으로 발휘하려고 하는 태도가 엿보입니다.

이상의 데이터 분석으로부터, KB2는 일본어에 의한 인터액션능력이 부족하여, 동료가 말하는 일본어의 의미에 대한 이해와 자기 생각의 언어화뿐만 아니라, 물건파일의 적절한 수정이 되지 않고 있다는 것이 밝혀졌습니다. 또한 이러한 요인에 의한 스트레스도 증가하고 있지만, 경감시키기 위한 행동의 궁리와 실행에는 미치지 못하고 있다는 점도 뚜렷이 나타났습니다. 한편, 동료는 이러한 KB2에 대해 배려행동을 취하고 있으며, KB2는 이것에 적절히 응대하지 못하는 것에 대한 미안함을 느끼고 있는 것도 관찰되었습니다. KB2는 이러한 인식 및 경험에 의해, 자기자신의 인터역션능력을 보다 높이고 싶다고 생각하면서 동료 및 상사와 함께 업무수행에 임하고 있습니다.

제3절 고찰

상술의 분석결과로부터, KB1과 KB2는 스트레스를 안고 있으면서도 경감시키기 위한 표현 및 행동을 실행하지 못하고 있다, 라는 공통점이 밝혀졌습니다. 이하에서는 본 연구의 이론을 사용하여 경감방법에 대해 고찰합니다.

먼저, KB1의 스트레스 경감방법으로서, '회화상의 역할'의 의식적 구축을 들 수 있습니다. KB1과 상사는 '공문서 작성 및 발송'을 둘러싸고, '8가지의 커뮤니케이션 항목'을 운용하고 있으며, 그 과정 속에는 서로의 비즈니스상의 역할—'부하(KB1)' '상사'—이 존재하고 있습니다. 동시에 각각이 지니고 있는 힘(power) 관계를 가리키는 것 중에 하나로서, 기반을 두고 있는 스피치 레벨을 들 수 있습니다. 즉, '상사는 평서체' 'KB1은 경어체'를 각각 기조(基調)로 하는 스피치 레벨이 존재한다고 말할 수 있습니다. 그러나 이러한 스피치 레벨은 직무를 수행하는 과정 속에서 항상 지속 · 유지되고 있다고는 볼 수 없습니다. 왜

냐하면, '공문서 작성 및 발송'의 수행에 관련된 지식 및 정보, 경험 등의 '사회문화능력'을 상사보다 KB1이 더 많이 가질 경우도 있기 때문입니다. 실례로, KB1의 컴퓨터 조작능력이 상사보다 높다는 것을 들 수 있습니다. 이 능력을 KB1이 사용하여, '공문서 작성 및 발송'을 보다 원활히 수행하기 위한 "제안" 등의 행동을 취하고 상사가 그것을 받아들이기 위한 '전문적 지식과 관련된 회화상의 교섭(CN-EX)'을 실시한다면, 상술한 힘(power) 관계가 불균등하게 변용될 가능성이 있습니다. 동시에, '제안자(부하ㆍKB1)'와 '피제안자(상사)'라고 하는 새로운 '회화상의 역할'이 구축될 수 있습니다[미야조애 웡(宮副ウォン 2005) ; 정규필(鄭圭弼 2008, 2013b)]. 이처럼, 인터액션상의 의미를 적절히 이해하면서 잠정적인 회화상의 역할을 의식적으로 구축할 수 있다면, 상사에 대한 '컴퓨터에 관한 설명'을 하기 쉬운 환경(상황)을 자립적(自律的)으로 만들 수 있다고 생각합니다. 그때, 공문서 내용의 입력분량에 대한 분담과 정보요구에 관련된 전략을 구사하여 적절히 진행한다면 스트레스가 경감될 수 있다고 생각합니다.

다음으로, KB2가 안고 있는 스트레스의 발생요인은 통합적인 인터액션능력의 사용상의 어려움에 있습니다. '물건에 관한 정보관리'를 둘러싸고, KB2가 자신감을 가지고 동료들과 인터액션하기 위해서는 스스로 '일본어를 잘 하지 못한다' '말의 센스가 없다' 등과 같이 자각하고 있는 것처럼, 일본어의 문법능력을 더욱 높일 필요가 있습니다. 체계적인 문법학습과 더불어, 어휘의 양을 늘리는 것은 필수로 생각됩니다. 다음으로 KB2 자신이 본 업무가 놓여 있는 문맥과 관련된 '8가지의 커뮤니케이션 항목' 중에, '왜(점화)' '언제, 어디서(셋팅)' '누구에게(참가자)' '어떠한 화제(내용)'를 '어떤 형식(형태)'으로 등을 의식하면서 언어화하기 위한 사회언어능력도 높일 필요가 있을 것입니다. 뿐만 아니라, 앞 절의 분석 때, **'일의 측면' '일의 센스가 없다'**라는 데이터를 고려하면, KB2에게 있어서 부동산업(물건에 관한 정보관리)과 관련된 전문적 지식 및 경험 등이 충분하지 않은 것 같습니다. 따라서, 이러한 것들을 축적 및 강화하면서 활용하기 위한 '사회문화능력'도 향상시키기는 것이 바람직할 것입니다.

상술한 3가지 능력은 KB2가 실제로 업무를 반복 수행하는 과정 속에서, 동료들의 언어적 및 비언어적인 피드백에 대해, KB2 자신이 자립적으로 표현 및 행동을 조정(調整)하고 사용함으로서 향상될 것으로 생각됩니다. 구체적으로, 동료로부터 **'다 됐어?'**라고 물건에 관한 정보수정에 대한 완료 유무를 질문받았을 때, 그때의 문맥을 고려하면서 상술한 문법능력 및 사회언어능력을 생각할 필요가 있습니다. 이러한 능력을 실제로 사용한다면, "물건에 관한 정보를 수정 중이다"라는 것을 '언어상의 의미'와 '인터액션의 의미'에 관련된 회상의 교섭(CN-PM , CN-

IM)을 통해서, 말의 명시적인 의미와 화용상 및 문맥상의 의미의 양 레벨로 서로 전달할 수 있다고 생각합니다. 또한, 수정의 지연 사유에 관한 회화로 발전할 경우, 상술한 사회문화능력의 사용이 불가결할 것입니다. 이것을 사용하여 '전문적 지식과 관련된 회화상의 교섭(CN-EX)'을 진행한다면, 지연 이유를 설명할 수도 있습니다. KB2가 상술한 인터액션능력을 사용하여 '3 타입의 회화상의 교섭'을 실시하는 과정 속에서 물건에 관한 정보관리와 관련된 자기자신의 생각 및 의사표명이 일본어로 적절하게 구사된다면 동료로부터 직무수행능력에 대한 긍정적인 평가를 받을 뿐만 아니라, 동시에 스트레스도 경감될 가능성이 있다고 생각합니다.

[표14] 직무수행 시에 느끼는 스트레스와 그 경감행동

고찰의 초점	상사에 대한 KB1의 정보 요구와 관련된 언어화의 어려움으로 인한 스트레스와 경감방법	KB2의 물건파일 작성 및 전달에 관련된 언어화의 어려움에 의한 스트레스와 경감방법
회화상의 역할교섭	'제안자(부하 · KB1)'/ '피제안자(상사)'	-
회화상의 교섭	CN-EX	· 동료로부터 업무확인을 받았을 때 문법능력 및 사회언어능력을 사용하여 명시적 의미(CN-PM)와 문맥적 의미 (CN-IM)의 상호전달을 시도 · CN-EX를 통한 지연이유에 관한 설명
메타메세지	-	-
장면의 실마리	-	-
프레임	-	-
전략	정보요구	-

인터액션능력	사회문화능력(컴퓨터와 관련된 전문적 지식)을 활용하여 화화상의 역할을 구축	문법능력, 사회언어능력, 사회문화능력의 배양
8가지의 커뮤니케이션 항목	장소, 내용, 참가자, 목적, 스타일 등을 고려	목적, 장소, 참가자, 스타일, 내용 등을 고려

제6장

일본인 비즈니스 관계자에 대한
한국인 비즈니스 관계자의 식사 권유행동

제7장에서는 KB4와 KB5를 대상으로 각자가 직장에서 동료들에게 행하는 식사 권유 과정에 대해 분석 고찰합니다. 각자의 데이터를 [표15][표16]에 정리하였습니다.

제1절 인터액션 인터뷰 데이터

[표 15] KB4의 식사 권유 행동과 관련된 데이터(밑선은 필자의 질문임)

실질행동	'식사 권유'
데이터	일본인 동료와 사적인 애기를 할 때 오해받은 적도 있었기 때문에 주의하는 편입니다. 예전에는 어제 남친이랑 뭐 했어? 라고 개인적인 애기도 거리낌없이 하면서 식사하자고 말하기도 했지만, 그런 애기는 이제 하지 않습니다. 서로 받아들일 때 차이가 있는 거 같아요. <u>좀 구체적으로 부탁드립니다.</u> 여성이라면 화장품이라든지, 음식은 상대가 누구라도 말하기 쉽고, 또 한국의 드라마와 영화에 관한 애기도 하면서 식사하러 가자고 말하기도 합니다. 다만, 일본의 연예계에 대해 애기할 경우, 연예인의 이름을 모르기 때문에 권유의 흐름을 알지 못하는 경우도 있습니다. 또 일본인의 이름을 부르거나 기억하는 게 제일 어렵습니다. 그치만 사람의 이름을 잘못 불렀을 때 확인은 하지만 공부는 하지 않습니다. 그래도 역시 식사와 회식 등에서는 지불방법이 가장 다르다고 생각합니다. 한국은 상사

가 지불하거나 합니다만, 여기서는 엄밀하게 割り勘(ママ) 합니다. 많은 일이 있었지만, 밥 먹으러 가자고 할 때, 개인적으로는 한국식으로 행동합니다. 일 때문에 친해지고 싶은 생각도 있고 혼자서 밥 먹는 것이 싫어서, 같이 먹고 싶었기 때문에 제가 먼저 가자고 얘기합니다. 점심 때가 되면 "ご飯 の時間よ,ご飯の時間よ(ママ)"라고 웃으면서 외칩니다. 그 때문인지 지금은 말하지 않아도 상대도 함께 웃으면서 먹으러 가주는 동료가 생겼습니다. <u>권유할 때 뭔가 다른 점을 느끼니까?</u> 다른 점이라고 할까⋯ 개인적 사항이 강하다고 생각합니다. 본인이 하고 싶은 것을 하고, 하기 싫은 것은 하지 않는⋯ 그런 마음이 강하지 않나 싶습니다. 그리고 경제적인 부담이라든지, 돈을 사용하는 것도 한국인과 일본인은 다르다고 생각합니다. 여기서 한국을 보면 자기 분수에 맞지 않게 생활하고 있는 한국인이 있다고 새삼스럽게 느낀 적이 있습니다. 예를 들어 500엔을 넘지 않게 식사를 하는⋯ 그런 행동을 자주 봅니다. 그래서 지금은 가끔 아~ 이 사람은 가고 싶지 않은 모양이네⋯ 라고 조금씩 이해할 수 있게 되었습니다.

[표 16] KB5의 식사 권유 행동과 관련된 데이터(밑선은 필자의 질문임)

실질행동	'식사 권유'
데이터	식사는 하지만 거의 혼자서 합니다. 업무에 따라서는 전화가 계속 울리는 경우도 있기 때문에 12시가 되더라도 식사를 하지 못하는 사람들도 있고 바쁜 시기도 제각각이기 때문에 혼

자서 먹는 경우가 많습니다. 하지만 가능한 한 함께 먹으려고 합니다. 먼저 식사하러 가자고 얘기하기도 합니까? 예. 그때 연예인 얘기를 자주합니다만, 일본에 왔을 때는 일본의 연예 인에 대해서 몰랐고, 동료와 얘기하더라도 무슨 얘긴지 몰 랐습니다. 흥미를 가지고 있는 방송이나 프로그램이 다르기 때문에 논점이 맞지 않거나 시대적인 화제에 대해서는 몰랐 습니다. 그때는 어떻게 했습니까? 동료와 얘기하는 게 어려웠 고 스트레스를 받기도 했지만, 그건 어쩔 수 없다고 생각했 습니다. 하지만 신문이랑 TV를 보고 기억해 두었다가 그것을 얘기한 적도 있습니다. 연예인 이야기처럼 아무렇지 않는 얘 기를 하면서 서로 식사를 권하기도 하고 친해지기도 하기 때 문에 필요하다고 생각합니다. 하지만 가자고 얘기해도 잘 받 아주지 않는다고 할까요… 일본인은 일을 제1로 생각하고 있 는 것 같습니다. 한국인은 금강산도 식후경이라고 말하지 않 습니까, 또한 상대방에게 인사로 "밥 먹었어?"라고 말하면서 밥 먹으러 가자고 하는 경우도 다반사이고… 정말 중요하게 생각하고 있는데, 여기서는 밥을 먹지 않는 사람도 있고, 도시 락을 가지고 다니는 사람도 많기 때문에 좀 다르다고 느낍니 다. 이게 엄청 스트레스이고 일본에서 회사에 다니고 있는 저 의 한국인 친구도 밥을 함께 먹어주지 않거나 술을 함께 마시 러 가주지 않는 것이 스트레스다, 라는 말을 자주하기도 합니 다. 저는 이젠 식사하면서 얘기하는 것에 대해서는 포기하고 있습니다. 한국인과 일본인은 대인관계의 거리라고 하는 것 이 다르다고 생각합니다. 너무 가깝게 다가가면 싫어하지 않 을까, 라고 생각합니다. 한국인과는 다른 거리를 둘 필요가 있 습니다.

제2절 분석

2.1 KB4의 식사 권유 행동

KB4는 광고업에 종사하고 있으며, 투자전략 수립을 담당하고 있습니다. KB4가 맡고 있는 투자전략 수립이란, 일본에 투자를 생각하고 있는 한국인 투자자에게 그 투자와 관련된 아이템과 자금의 사용법 등을 계획해서 보고하는 것입니다. 동시에, KB4는 이 계획을 투자를 받는 측(일본의 회사 이하, J사)에게도 일본어로 보고하고 이해를 얻지 않으면 안 됩니다. 이 때문에, 약 1년간 J사에 근무하고 있으며, J사의 JB들과 행동을 같이하고 있습니다. KB4에게 있어서, 원활한 투자전략의 수립과 보고를 위해서는 J사에 근무하고 있는 동료와 원만한 대인관계를 구축하고 유지해야만 합니다. KB4는 이것을 위한 일환으로서, 동료에게 식사를 권유하는 행동을 취하기도 합니다. 이하에서는 그 권유과정에 대해서 분석합니다.

KB4는 J사로 온 후 얼마 동안, J사에 근무하고 있는 동료에게 '사적인 애기'를 하면서 식사를 권유한 적이 있습니다. 하지만, 그때 '오해받은 적도 있었다'라고 증언하고 있는 것처럼, 식사 권유가 적절하게 되지 않았던 적도 있습니다. 그 요인을 찾는 데 KB4가 가지고 있는 의식이 유효했습니다. KB4는 투자전략의 원활한 수립 및 보고를 위하여 J사의 동료와 '친해지고 싶다'

라는 '마음'이 있었다는 것과, '혼자서 밥 먹는 것은 싫다'라는 의
식을 동시에 지니고 있었습니다. 이러한 의식에 의해, J사의 동
료에게 '어제 남친이랑 뭐했어?'라고 하는 사적인 내용을 '거리
낌없이' 언어화하면서 식사를 권했던 것을 들 수 있습니다. 이처
럼 사적인 화제를 J사의 동료에게 사용한 적이 있으며, 그때 '오
해받았다'라고 해석할 수 있습니다. 즉, KB4가 선택한 화제가 J
사의 동료에 대한 식사 권유 시의 화제로서 적합하지 않았던 것
으로 작용하여, 이것이 오해를 불러일으킨 요인이라고 말할 수
있습니다. 이후, KB4가 '서로 받아들이는 방법에 차이가 있다'
'개인적인 것' '경제적인 부담(500엔 내의 식사)' 등과 같이 증언
한 것은, 상술한 오해의 경험이 KB4에게 있어서, J사의 동료에
대해 자기자신의 권유방법을 다시 생각하는 계기로 작용하였다
는 것을 의미하고 있습니다(FUI). 이러한 계기로 인해, KB4는
권유방법에 대해서 다시 생각하고 있으며, 다음과 같이 실행하
고 있습니다.

먼저, 어떠한 상대와도 '얘기하기 쉬운' 화제를 선택하고 있
으며, 그중에는 점심을 권유하는 데 적절하고 무난한 '음식'에
관한 화제와 더불어, '한국 드라마와 영화' 등에 관한 내용까지
다양합니다. 다음으로, 특히 '여성'의 동료에 대해, '화장품'의
화제도 언어화하고 있습니다. 이러한 데이터처럼, J사 동료의 개
별성을 고려한 다양한 화제를 미디어로부터 수집하여 언어화하

고 전개하는 전략을 사용하여 동료에게 식사를 권유하고 있는 것입니다. 그러나 그때 '**일본의 연예계**'에 관한 화제로 발전하거나 동료로부터 일본의 '**연예인의 이름**'이 언급되면, 그 이름을 '**몰라**' '**권유의 흐름**'을 '**파악할 수 없을**' 때도 있는 것처럼, 권유행동이 원활하지 않는 경우도 있습니다. 이와 관련하여, KB4가 '**그동안 많은 일이 있었습니다**'라고 증언한 것은 동료에 대해 자기자신이 사용하고 있는 상술한 화제 전개전략이 적절하게 진행되는 경우가 있는 반면, 어려움을 느낀 경우도 있었다, 라는 의미입니다(FUI). KB4는 이러한 경우가 반복되는 과정 속에서, 동료들 가운데 '**아 지금 이 사람은 가고 싶어하지 않고 있다**(식사에 동행할 생각이 없다 · FUI)'라고 하는 특정동료의 행동을 '**조금씩 이해할 수 있게**' 되었습니다. 뿐만 아니라, 일부러 '**한국식**' 권유행동으로 바꿔 '**웃음**'과 함께 '*ご飯の時間よ*'라고 반복하여 코미컬(FUI)하게 '**외치**'면, 이에 대해 동료도 '**웃으면서**' 응하고 있습니다. 이러한 인터액션은 KB4가 동료에 대해 '**한국식**'이라는 '**자신의 스타일**'(FUI)로 권유행동을 실행할 수 있는 문맥을 스스로 만들 수 있게 되었다는 것을 의미하고 있습니다.

이상의 데이터 분석을 통해, KB4는 J사의 동료에 대해 식사 권유에 적합한 화제 선택의 잘못으로 인한 오해와 일본의 사회문화적 지식(연예인의 이름 및 화제)이 부족하여 권유가 잘 되지 않았던 적도 있었습니다. 그러나 그러한 경험은 화제 선택에 대해 다시 생각하는 계기로 작용하였으며, 이로 인해 KB4는 무난한 화제(음식, 연예계, 화장품 등)를 미디어(드라마 및 영화)로부터 수집하고 언어화하는 화제 전개전략을 사용하고 있다는 것이 밝혀졌습니다. 그때 동료의 개별성을 고려할 뿐만 아니라 '웃음'을 사용하여 코미컬하게 권유하고 있었습니다. 동시에 '자신의 스타일'에 의한 권유행동을 실행할 수 있는 문맥도 자립적으로 형성할 수 있게 되었고, 이에 동료들도 응해주고 있는 것이 관찰되었습니다.

2.2 KB5의 식사 권유행동

KB5는 관광업의 회사에서 정사원으로 근무한 지 3년이 되었습니다. KB5의 담당업무는 일본 국내뿐만 아니라, 해외(특히, 한국)에 대한 여행계획 수립과 호텔 수배 등입니다. 이러한 업무를 일본어와 한국어, 경우에 따라서는 영어로도 수행하고 있습니다. 점심시간은 12시부터 13시까지이지만 식사를 할 수 없을 정도로 바쁠 때도 있습니다. 이 때문에 식사를 '혼자서' 할 경우도 있지만, 가능한 한 동료와 함께 '식사를 하려고' 하고 있습니다. 그러나 이 식사 권유행동이 적절하게 되지 않아 '스트레스'가 되고 있다고 합니다. 이하에서는 그 요인과 경감에 관련된 표현 및 행동에 대해서 분석하고자 합니다.

KB5가 식사 권유를 둘러싸고 '스트레스'를 느끼는 요인으로서 2가지를 들 수 있습니다. 첫째로, 권유과정 속에서 '화제의 불일치가 발생'한 경우입니다. KB5는 동료와 '서로 식사를 권유'하거나, '친해지거나' 하기 위해 '연예인'과 관련된 화제가 무난하다고 의식하고 있습니다. 그러나 KB5에게 있어서 이러한 화제로부터 모르는 연예인의 '이름'과 '시대적'인 내용으로 발전했을 때, '이해하지 못하는' 경우가 있고, 그때 스트레스를 느껴 권유가 되지 않을 때가 있습니다.

둘째로, 동료와 KB5 사이에 일과 식사 중 어느 쪽이 중요한가? 라는 중요도에 관한 인식 차이가 내재되어 있고, 이것이 각자의 행동으로 표출되었을 때를 들 수 있습니다. KB5가 동료에게 식사를 권유하더라도 동료가 '좀처럼 응해주지 않고' 있으며, 그 이유에는 '바쁜 시기'가 '제각각'이라는 것을 들 수 있습니다. 또한, KB5는 식사를 무엇보다도 중시하고 있는 것에 비해, 동료는 '일을 제1로 생각하고 있는 것' 같다 라는, 식사와 일의 우선순위에 대한 서로 다른 인식도 작용하고 있는 것 같습니다.

KB5의 인식은 '금강산도 식후경'이라는 한국어의 속담과 '밥 먹었어?'라고 언어화하여 인사하면서 식사를 권유한다, 라고 하는 데이터로부터 엿볼 수 있습니다. KB5는 직장 동료와, 이러한 서로 다른 인식을 강하게 '느끼고' 있으며, 이것이 유지됨으로써 '엄청 스트레스'가 쌓이고 있습니다. 즉, KB5는 동료에게 식사를 권유할 때 모르는 연예인의 이름과 시대적인 화제가 대두되었을 때와, 일과 식사의 우선순위에 대한 서로 다른 인식이라고 하는 사회문화적인 지식과 행동의 다양성이 스트레스를 유발하는 원인이며, 이것이 권유과정에 부정적인 영향을 주고 있는 것입니다.

그러나 KB5로부터 이러한 다양성에 관한 공유화를 모색하기 위한 행동도 일부 관찰되었습니다. 특히, 상술한 첫 번째 요인—연예인의 이름과 시대적인 화제에 대한 불일치—을 조정하기 위하여 '신문이랑 TV'로부터 관련정보를 수집하고, 이러한 정보를 식사 권유과정 속에서 사용하고 있는 것을 들 수 있습니다. KB5는 이러한 행동을 반복하여 실행함으로써 동료와 '친해졌으'며 동시에 스트레스도 경감되었다고 말할 수 있습니다.

한편, 두 번째 요인—식사와 일의 우선순위에 대한 서로 다른 인식—에 의한 스트레스를 경감하기 위한 표현 및 행동은 그다지 관찰되지 않았습니다. 이것에 대해 '좀처럼 응해주지 않았다'라는 발화에 대한 FUI의 결과, KB5가 이러한 서로 다른 인식에 대해 공유화를 모색하기 위한 행동을 취한 적이 있지만, 원활하게 진행되지 않았고, 이 상황이 장기화된 것을 알았습니다. 이 때문에 KB5는 동료와 함께 '식사하'면서 '서로 애기하는' 행동은 '포기하고' 있으며, 이것으로 보아 KB5에게 있어서 상술한 서로 다른 인식의 문제가 심각했던 것으로 추찰됩니다. 그러나 KB5는 서로 '대인관계라고 하는 것이 다르기' 때문에 이것을 고려해서 행동할 '**필요**'가 있다고 언급해, 상술한 서로 다른 인식에 대해 일정한 이해를 표시하고 있습니다.

이상과 같은 데이터 분석으로부터, KB5는 동료에게 식사를 권유할 때, 한국과 일본의 사회문화적인 지식과 행동의 다양성—(a.일본 연예인의 이름과 화제의 다양성, b.일과 식사의 중요도에 관한 서로 다른 인식)—에 의한 어려움을 느끼고 있는 것이 관찰되었습니다. a에 대해 KB5는 미디어로부터 정보를 수집하고 이것을 언어화함으로써 극복하고 있었습니다. b에 대해서는 이해하려는 행동이 있었지만 잘 진행되지 않아 '**스트레스**'를 느꼈으며, 그 결과 '(한국인과의 대인관계와는) **다른 거리**'를 두는 것에 그치고 있다는 것을 알았습니다.

제3절 고찰

3.1 KB4의 식사 권유행동

상술한 데이터 분석으로부터 KB4는 J사의 동료에 대해 다양한 화제를 언어화하는 화제 전개전략을 사용하고 있는 것이 밝혀졌습니다. 이하에서는 그 사용과정에 대해 고찰을 실시하고자 합니다.

KB4는 한국인 투자자의 투자계획을 J사의 동료들에게 설명

하고 이해를 얻어 내야만 하는 입장입니다. 이것을 원활하게 진행하기 위한 일환으로서, J사의 동료에게 식사를 권유했지만, 화제선택의 잘못으로 오해를 받은 경험이 있습니다. 그렇지만 이 경험이 KB4에게 있어서 동료에 대한 식사 권유 시의 적합한 화제를 다시 생각하는 계기로 작용되었습니다. 이로 인해 드라마 및 영화 등의 미디어를 리소스로 사용하여 다채로운 화제(음식, 화장품, 연예계 등)를 수집하고 언어화하고 있었습니다. 이러한 점으로 볼 때, KB4는 미디어 리소스를 통해 자기자신의 '커뮤니케이션 능력'을 높이고 있었다고 말할 수 있습니다. KB4는 이 능력을 식사 권유와 관련된 문맥— '투자계획에 관한 설명자(KB4)와 피설명자(J사의 동료)의 원만한 관계 구축 및 유지' '식사 권유를 행하는 장소' '사용언어(일본어)' 등—을 고려하여 상술한 화제 전개전략을 언어화하면서 동료에게 식사를 권유하고 있었습니다. 또한 상술한 화제와 관련된 명시적인 의미를 이해하기 위한 회화상의 교섭(CN-PM)과 더불어, 연예계와 화장품 등의 정보 및 지식을 서로 전달하고 이해하기 위한 조정(CN-EX)도 진행하고 있었습니다. 더욱이, 동료의 개별성에 배려하면서 '**웃음**'과 동시에, ''**ご飯の時間よ**'라고 반복적으로 코미컬하게 '**외치**'고 있으며, 이에 동료가 응하고 있었습니다. 이 과정에 대해서, KB4는 다양한 음율적 요소— '웃음, 외침, 얼굴표정 등'—를 반복해서 사용하여 동료와의 식사를 '강한 희망'의 메타메세지로서 전달(FUI)하고, 이에 대해 동료들도 '웃으면서' 응하고 있었습니다. 이처럼 서로는 상술한 음율적 요소를 장면의 단서(場面の手がかり)로 하여, 메타메세지의 의미를 이해하기 위한 교섭(CN-IM)도 겸하고 있으며, 그때 KB4와 동료 사이에 '사적이고 친한 관계의 프레임'이 형성되었다고 해석할 수 있습니다. 동시에 비즈니스상의 역할— '설명하는 측(KB1)'과 '설명을 듣는 측(동료)'—이외에, 점심의 '권유자(KB1)'와 '피권유자(동료)'라고 하는 새로운 잠정적인 회화상의 역할이 교섭 및 구축되어 이것이 권유과정에 바른 영향을 주었다고 생각합니다.

3.2 KB5의 식사 권유행동

본 절에서는 상술한 2.2 KB5의 식사 권유행동에 관한 분석 결과에 대해, (a)다양한 화제의 전개 과정과 (b)일과 식사에 관련된 스트레스의 경감 방법에 관하여 고찰을 실시합니다.

(a)에 대해서, KB5는 직장 동료와 식사를 둘러싼 문맥, 즉 '8가지의 커뮤니케이션 항목'을 다음과 같이 의식하고 있습니다. '동료(참가자)'와 '친해지기(점화)' 위하여, '연예인에 관한 화제(내용)'를 언어화하여 '식사를 서로 권하거나' 하는 행동이 '필요'하다고 의식하고 있습니다. 이러한 문맥을 고려하고 있지만, KB5에게 있어서 모르는 '연예인의 이름'과 '시대적'인 내용으로 발전하면 이해가 되지 않아 '스트레스'를 느끼게 되고, 그 결과

권유가 되지 않는 상황에 이르게 되었습니다. KB5는 이것을 스스로 극복하기 위하여, 일본의 미디어(신문과 TV)로부터 연예인 및 시대물과 관련된 여러 가지 정보를 수집하고, 이것을 권유 과정 속에서 언급하는 화제 전개전략을 사용하고 있었습니다. KB5는 이를 통해 화제의 명시적인 의미를 이해하기 위한 교섭 (CN-PM)과 더불어, 일본의 예능계와 시대물에 관한 지식 및 정보를 서로 전달하며 이해하기 위한 조정(CN-EX)도 겸하고 있었다고 말할 수 있습니다.

(b)에 대해서, KB5는 동료에 대한 식사를 둘러싸고 서로 다른 인식이 강한 '**스트레스**'로 작용하고 있으며, 그 결과 동료와 식사하면서 서로 애기하는 것을 '**포기하고**' 있습니다. 이러한 과정을 보아, KB5에게 있어서 a보다 b와 관련된 조정(調整)이 더 어려웠을 것으로 생각됩니다. 그 요인으로서 KB5와 동료의 사이에 식사 권유와 관련된 각자의 사회문화적 지식(서로 다른 인식)이 다양하게 내재되어 있고, 이것이 상호존중을 기반으로 공유되지 못했기 때문이라고 생각됩니다. 재차 언급하지만, KB5에게 있어서 식사는 '**금강산도 식후경**'이라는 한국어 속담으로 비유할 수 있을 뿐만 아니라, '**인사말로서 밥 먹었어?**'라고 애기하면서 상대에게 '**식사를 권유하는 것이 다반사**'일 정도로 중요합니다. 한편, 동료는 경우에 따라서 식사를 하지 않거나 '**도시락**'으로 해결하기도 합니다. 즉, 이러한 사회문화적인 지식 및

행동에 초점을 두고, 서로가 의논하면서 이해하기 위한 조정
(CN-EX)이 필요할 것입니다. KB5는 이 교섭을 의식적으로 실
시하여 상호이해를 깊이 한다면 스트레스가 경감될 가능성이
있다고 생각합니다.

[표17] 식사 권유행동에 관한 고찰결과

고찰의 초점	KB4의 화제 전개전략의 사용과정	KB5의 a. 화제 전개전략의 사용과정 b. 스트레스 경감 방법
회화상의 역할교섭	권유자(KB1)/ 피 권유자(동료)	-
회화상의 교섭	'CN-PM' 'CN-IM' 'CN-EX'	a. 'CN-PM' b. 'CN-EX'
메타메세지	강한 희망	-
장면의 실마리	음율적 요소(웃음, 외침, 얼굴표정 등)	-
프레임	사적이고 친한 관계	-
전략	화제 전개전략	a. 화제 전개전략

인터액션능력	화제 전개전략에 필요한 커뮤니케이션 능력, 미디어 리테러시	a. 화제 전개전략에 필요한 커뮤니케이션 능력, 미디어 리테러시 b. 한국어 속담, 동료들이 지참하는 도시락, 일과 식사에 대한 우선의식
8가지의 커뮤니케이션 항목	투자계획에 관한 설명자 (KB1)와 피설명자(J사의 JB)의 원만한 관계 구축 및 유지, 식사 권유를 행하는 장소, 사용언어(일본어) 등	a. 연예인, 시대물, 신문, 일본어 b. 사내, 친한 동료, 일본어

제7장

프레젠테이션을 행하기 위한
한국인 비즈니스 관계자의 인터액션 행동

제7장에서는 KB4와 KB6를 대상으로 각자가 직장에서 동료 및 상사를 대상으로 실시하는 프레젠테이션의 과정에 착목합니다. 그런 다음, 각자가 어떠한 어려움을 의식하고 있으며, 그것을 스스로 어떻게 극복하고 있는가에 대해 분석 고찰합니다. 각자로부터 수집한 데이터를 [표18][표19]에 정리하였습니다.

제1절 인터액션 인터뷰 데이터

[표18] KB4의 프레젠테이션과 관련된 데이터(밑선은 필자의 질문임)

실질행동	'프레젠테이션'
데이터	저는 한국 측 모회사의 투자전력을 세우고 그 내용을 일본의 모회사에서 프레젠테이션을 통해 알립니다. 그때, 경영진을 설득해야만 합니다만, 그게 정말 어렵습니다. 일본어능력도 부족하고 예를 들면, 100가지의 생각을 가지고 있지만 그걸 전부 일본어로 말하고 싶은데 잘 안 됩니다. 혹시, 한국어라면 정말 잘할 수 있을 텐데, 라고 생각하기도 합니다. 이 타이밍에서 이 표현을 알고 있다면 보다 좋은 이미지를 상대방에게 줄 수 있을 텐데, 라던가. 지금 얘기한 것은 미리 자료를 만들어두든지, 브리핑하면서 질의응답 때 신속하게 대답해야만 합니다만 그게 쉽지 않습니다. 경영진은 바쁜 사람들이고 문제점을 지적받으면 빨리 대답해야 하는데 그게 잘 안 되네요.

그게 혹시 한국어라면 할 수 있을 텐데, 라고 생각하기도 합니다. 그때 어떻게 합니까? 실은 실패도 했었고 후회도 했었습니다. 정말로 납득하지 않은 채로 프레젠테이션이 끝나면 상사에게 두 번, 세 번 애기를 합니다. 일은 결국 사람과의 관계라고 저는 생각합니다. 때문에 실수나 실패를 했을 때 항상 의논하려고 애쓰는 편입니다. 나중에 애기할 때 실은 이것을 이런 표현으로 말하고 싶었다, 라고 말하면서 사장님을 설득하면 잘 풀립니다. 일본어로 잘 대처하기 위해서는 실제의 커뮤니케이션을 보는 것과 경험하는 것밖에는 없다고 생각합니다만, 그것도 한계가 있다고 생각되고 그렇다고 한다면 자신의 단점을 커버할 수 있는 자료를 만드는 것이 중요하다고 생각합니다. 저는 그렇게 하고 있습니다. 또는 누가 보더라도 이해할 수 있도록 요점만 써보는 것도 좋습니다.

[표19] KB6의 프레젠테이션과 관련된 데이터

실질행동	'프레젠테이션'
데이터	먼저, 견본을 전달하는 행동이 다릅니다. 만든 식기의 견본을 상사에게 전달할 때 저는 항상 양손으로 줍니다만, 다른 동료는 한 손으로 줍니다. 끝난 후 상사가 "KB6 씨는 항상 양손으로 주는데, 한국에서는 그렇게 주나 보네?" 라고 말한 적이 있습니다. 하지만 당시 상사의 웃음으로 보아 좋은 인상을 주었다, 라고 느꼈습니다. 그리고 가장 중요한 것은 프리젠테이션 할 때 설득력 있는 자기주장을 어떻게 할 것인가가 포인트라고 생각합니다. 저는 제가 디자인한 견본의 해석에 관한

프리젠테이션 때 엄청 민감해집니다. 왜냐면 컬러가 많으면 많을수록 단가가 높아지는데, 때문에 상사들은 단가를 낮추려고 하고 저는 절대로 이 상품에 이 색이 없으면 안 된다고 주장합니다. 그런 경우 상사들에게 어떻게 설명하고 납득시킬까가 굉장히 어렵고, 그때의 일본어능력은 저도 아직 부족합니다. 프리젠테이션을 하는 장소에서는 다른 부서의 상사뿐만 아니라 직위가 같은 동료와 동료이지만 저보다 나이 많은 사람도 있기 때문에 경어를 사용하는 경우가 많습니다. 문제는 항상 딱딱한 분위기가 되지 않도록 하기 위해서 말하는 법을 좀 보통 때 쓰는 말로 바꾸거나 할 필요도 있지만, 그게 잘 안 됩니다. 처음에는 "ご覧になる(ママ)"라든지 "いただく(ママ)" 등을 사용해서 시작하지만, 가끔 보통 때 사용하는 말을 섞는 편이 오히려 설득력이 높아지는 경우가 있습니다. 그렇다고 해서 애들이 사용하는 말은 아니지만 "です·ます(ママ)" 정도면 되는데 잘 안 되기 때문에 TV의 토론방송이나 요리방송을 보면서 공부를 하기도 합니다. 특히 현장에서 쓰이는 말을 사용하면 현장감도 생기고 분위기가 좋게 되는 경우도 있습니다. 그래서 현장조사를 할 때, 거기서 사용되고 있는 말을 외우기도 하지만 자연스럽게 바꾸는 것은 정말 어려운 것 같습니다. 또 제가 만든 견본에 대해 상사가 보다 좋게 하기 위해 제안을 할 때도 있지만, 그때의 말이 한국어의 "해 주세요", "해라"라는 말처럼 확실하게 말하지는 않습니다. "やったほうがいいと思う(ママ)", "これはいかがですか(ママ)" 그런 표현이 많습니다. 저는 그런 표현이 일본어라고 생각하고 그것을 똑바로 이해하기 위해서는 확인하는 것이 중요하다고 생각합니다. 하지만 그런 표현은 일본인 동

료도 잘 모를지 모릅니다. 일전에 다른 동료가 프리젠테이션
할 때, 어느 상사가 "やった方がどうか(ママ)"라고 말했는데,
끝난 후에 그 동료가 상사에게 확인을 하고 있는 것을 본적
이 있어요. 때문에 한국인이 더 이해하기 어려울지도 모르니
까 확인하는 것이 중요하다고 생각합니다. 또 개인적으로는
사역의 최고레벨 경어를 사용하거나 들으면 이해하지 못하
는 경우도 있습니다. 며칠 전의 프리젠테이션은 다른 회사 사
람들도 참가하고 있었는데, 그때 그 회사 사람들이 "こちらで
作らせていただきます(ママ)"라고 말해서 제가 "この茶碗は
そちらで作りますね(ママ)"라고 확인한 적이 있는데, 이러한
표현으로 얘기를 하면 진짜 긴장됩니다.

제2절 분석

2.1 PT를 둘러싼 사회문화적 문맥

이하에서는 구체적인 분석 및 고찰의 이해를 돕기 위해 KB4
와 KB6가 행하는 PT가 어떠한 사회문화적 · 사회경제적 문맥
위에 놓여 있는가에 대해 알아보고자 합니다.

먼저, KB4는 지금까지 언급했듯이 광고업에 종사하고 있으
며 투자전략 수립을 담당하고 있습니다. KB4는 투자전략 수립
과 관련된 계획을 투자를 받는 측(일본의 회사)에게도 보고하고
이해를 얻어내야 합니다. 이 때문에 일정 기간(약 1년간) 일본의

회사에서 근무하면서 '**사장 및 이사**' 등의 '**경영진**'과 행동을 같이하고 있습니다. KB4는 상술한 투자전략 수립과 관련해서 3사(한국 2사, 일본 1사)를 관리하고 있습니다. 본 절에서는 이 3사 중에 투자를 받는 측인 일본의 1사(이하, J사라고 칭함)에 초점을 두고 이 J사의 회의실에서 경영진에 대해 KB4가 위의 계획을 일본어로 PT하는 과정에 초점을 둡니다.

다음으로, KB6는 키친(kitchen) 도구 제조업에 종사하고 있으며, 기획부에서 근무하면서 디자인을 담당하고 있습니다. KB6는 키친도구 중에서도 특히 다양한 식기(밥그릇, 접시, 컵 등)의 제작에 관여하고 있으며, 이러한 식기들의 질과 형태, 색의 배합 등을 디자인하여 생산부에 전달하는 업무를 맡고 있습니다. 생산부에 전달하기 전에 KB6 자신이 디자인한 시제품(견본)을 관계자에게 보여주고 설명하면서 이해를 얻기 위한 PT를 실시하고, 그 결과에 따라서 생산 유무가 결정됩니다. 이 PT는 회의실에서 기획부와 생산부, 영업부 등에서 근무하고 있는 동료, 상사(과장, 부장 등)와 더불어 사장도 참가하고 있으며, KB6는 이러한 사람들 앞에서 일본어로 PT를 실시합니다. 다음 절에서는 이 PT 과정에 초점을 둡니다.

2.2 PT를 둘러싼 KB4의 인터액션 행동

KB4는 한국인 투자자의 투자계획을 세우고 그것을 J사의 경영진에게 일본어로 PT를 통해 설명합니다. 그 과정 속에서 J사의 경영진을 '**납득**'시켜야 하지만, 그것이 '**정말 어렵다**'고 증언하고 있습니다.

그 요인으로서, KB4가 PT와 관련된 문맥을 고려하고 있지만 그 문맥에 맞는 'a.적절한 표현을 선택'하여, 'b.신속하게 언어화'하는데 어려움을 느끼고 있다고 하는 2가지를 들 수 있습니다. 먼저 a에 대해서, KB4는 '**이 타이밍에 이 말을 알고 있으면 보다 좋은 이미지를 상대**(경영진)**에게 줄 수 있을 텐데**'라고 하는 데이터에 주목하고자 합니다. 특히, '**이 타이밍**'에 관한 FUI의 결과, PT 때 KB4에게 있어서 '**경영진**'을 이해시킬 수 있는 '**절호의 기회**(문맥)**가 온 것**'을 뜻하며, 이것을 KB4 스스로가 인지하고 있다는 것을 알았습니다. 이것은 PT를 하는 과정 속에서, 경영진으로부터 다양한 화제가 언급되었을 때, 동시에 문맥도 다이나믹하게 변화는 경우가 있으며, 그때 상호이해가 성립되었을 때를 지적하고 있습니다. 즉, KB4는 '**절호의 기회**(문맥)**가**' 왔을 때의 문맥을 이해하고 있지만, 그 문맥에 맞는 적절한 표현을 선택하지 못하는 경우가 있으며, 그때 경영진에게 '**보다 좋은 이미지를 줄 수 없기**' 때문에 어려움을 느끼고 있다고 말할 수 있습니다. 이에 대해, KB4 스스로가 '**일본어능력**'이 '**부족하다**'고 진술한 후, 그 구체적인 실례로서 '**100가지의 생각**'이 '**전부… 표현 안 된다**'라고 덧붙이고 있습니다. 이러한 데이터로부터 상술한 어려움의 요인으로서, PT의 내용에 관련된 어휘능력의 부족을 들 수 있습니다.

다음으로, 'b.신속한 언어화'에 대해 KB4가 J사의 경영진과 행동을 함께하고 있는 것과, PT의 대상이 주로 경영진인 점에 유의할 필요가 있습니다. KB4가 '경영진은 바쁜 사람들'로 그들과의 '질의응답' 중에 '문제점을 지적받으면 신속하게 대답하지 않으면 안 된다'라고 증언한 것처럼, 경영진은 '바쁜 사람들'이기 때문에 PT를 들을 시간이 한정되어 있고, 이 한정된 시간 내에 경영진을 설득하기 위해서는 PT 내용과 관련된 적절한 표현을 신속하게 언어화해야 합니다. 그러나 이것에 어려움을 느끼고 있다고 해석할 수 있습니다. 이상의 요인분석으로부터, KB4는 경영진에 대해 일본어로 PT를 진행하는 과정 속에서 문맥에 맞는 적절한 표현을 신속하게 산출하지 못했을 때 어려움을 느끼고 있다는 것이 밝혀졌습니다.

이 어려움에 대해, KB4는 '한국어라면 잘할 수 있을 텐데'라고 반복하여 증언하고 있습니다. 이 데이터에 대한 FUI의 결과, KB4 자신은 일의 프로라고 자각하고 있지만, 이것이 '단순한 일본어의 어휘능력 부족'의 탓으로 경영진에게 충분히 '어필하지 못하는 경우가 있다'고 판단하고 있었습니다. 동시에, KB4는 경영진으로부터 자기자신의 직무능력까지 낮게 평가받게 될 가능성을 걱정하고 있었습니다. 이것은 PT에 대한 KB4의 '실패'와

'후회'의 경험에서 엿볼 수 있습니다(FUI). KB4는 이러한 걱정을 극복하기 위해서는 '**실제의 커뮤니케이션을 보는 것과 경험하는 것**'이 필요하다고 말하면서도 업무에 쫓겨(FUI), '**한계가 있다**'고 덧붙였습니다. 이 때문에 KB4는 다음과 같은 표현과 행동을 생각하며 PT에 임하고 있습니다.

첫째로 '**자신의 단점을 커버할 수 있는 자료를 만드는 것**'이며, 둘째는 '**누가 보더라도 이해할 수 있도록 요점을 써 보는 것**'입니다. KB4는 이 2가지 방법을 끊임없이 생각하고 실행하면서 경영진이 이해하기 쉬운 PT가 되도록, 내용의 기술방법과 진행방법 및 전달방법을 모색하고 있는 것입니다. 그러나 KB4는 경영진이 '**납득하지 않은 채로**' PT가 '**끝나는**' 경우도 있다고 증언한 것처럼, PT가 원활히 진행되지 않을 때도 있습니다. 그때는 사장 및 이사와 '**개인적**'인 접촉을 통해, PT내용을 '**두 번 세번**' 반복하여 전달하고 있습니다. 이처럼 KB4가 PT를 실시하는 과정 속에서 경영진이 납득하지 못하는 경우도 있지만, 그런 경우, 장소를 바꿔가며 적극적으로 설명을 반복하고 있습니다. 뿐만 아니라, '**실수와 실패**'가 발생했을 때, 주저하지 않고 '**상담**'과 '**의논**'을 통하여 해결에 도달하고 있습니다. 즉, PT가 끝난 후, 경영진과 다시 관련자료를 보면서 '**실은 이것을 이런 표현으로 말하고 싶었다**'라는 다양한 표현과 행동으로 바꾸어 실행하고 있으며, 그때 PT 내용에 관한 상호이해에 도달하고 있다는 것이 밝혀졌습니다.

이상의 데이터 분석을 통해, KB4는 PT를 진행하는 과정 속에서 동적인 문맥에 맞는 적절한 어휘를 선택하여 신속하게 언어화하는 것에 어려움을 느끼고 있다는 것이 밝혀졌습니다. 또 자신의 일본어 어휘능력이 직무 수행능력의 평가에 마이너스 영향을 줄 가능성에 유의하고 있다는 의식도 관찰되었습니다. KB4는 이러한 것을 극복하기 위하여, PT와 관련된 자료작성과 요점정리 등을 궁리하면서 PT를 준비하고 있을 뿐만 아니라, 장소와 표현을 바꿔가면서 상담과 논의를 진행하고 있다는 것을 알았습니다.

2.3 PT를 둘러싼 KB6의 인터액션 행동

KB6는 다양한 식기(밥그릇, 접시, 컵 등)를 디자인한 시제품을 만들고, 그것의 생산 유무를 결정하기 위하여, 각 부서의 동료와 상사가 모여 있는 회의실에서 일본어로 PT를 통해 시제품에 대한 설명을 실시합니다. 본 절에서는 특히 밥그릇의 컬러와 관련된 내용을 다룹니다.

구체적으로는 '컬러가 많으면 많을수록 단가는 올라가기'때문에 상사들은 '단가를 내리려고 한다'. 이에 대해, KB6는 '절대 이 상품(밥그릇)에 이 색이 없으면 안 된다고 주장한다'라는 장면입니다. KB6에게 있어서는, 이런 장면에서의 PT가 '가장 민감'

하다고 증언하고 있는 것처럼 중요하며, 동시에 '설득력 있는 자기주장을 할 수 있는가가 포인트'입니다. 그러나 이를 위한 일본어의 인터액션능력이 '자신에게 부족하다'고 진술하고 있습니다. 이하에서는 그 요인과 부족한 능력에 대해 KB6가 어떻게 대처하고 있는가에 관해 분석하고자 합니다.

먼저, KB6는 PT가 시작되면 각 부서의 상사에게 시제품을 건네줍니다. 이때 손 동작과 몸 동작에 관련된 비언어 행동이 관찰되어 있어, 이것에 대해 분석하고자 합니다. 시제품의 전달 시, 다른 동료는 '한 손으로 건네는'데 비해, KB6는 '항상 양손으로 건네'고 있습니다. 이 행위에 대해, 특정부서의 상사가 '웃음'과 함께 'KB6 씨는 항상 양손으로 건네는데 한국에서는 그렇게 하나요?'라고 말하고 있으며, KB6는 동반된 "웃음"으로부터 '좋은 인상을 주었다'라고 판단하고 있습니다. KB6는 이 상사의 의견으로부터, 양손으로 건네는 몸 동작에 의해, 자신이 '예절 바른 사람(FUI)'이라는 인식을 주었다고 의식하고 있었습니다. 이것으로 보아, 양손으로 건네는 동작이 PT의 원활한 시작에 긍정적으로 작용하고 있다는 것을 알 수 있습니다.

다음으로, 상술한 요인과 관련된 것으로서, 첫째 '스피치 레벨 쉬프트'와 둘째, '상대방의 제안에 대한 이해'라고 하는 2가지를 들 수 있습니다. 첫째에 관해 KB6는 PT가 행해지는 장소가 '딱딱한 분위기가 되지 않도록' 하기 위한 언어의 사용을 생

각할 필요가 있습니다. 이것을 고려한 방법의 하나로서, 스피치 레벨 쉬프트가 있으며, KB6가 말하는 스피치 레벨이란, '**경어**' 와 '**보통 때 쓰는 말**'을 신속하고 적절하게 '**섞어**'가면서 사용하는 것입니다. 구체적으로는 '**ご覧になる, いただく(ママ)**'라고 하는 경어표현과 겸양표현을 사용하여 PT를 시작합니다. 그런 다음, 문맥에 맞게 '**です・ます(ママ)**'의 정중표현으로 바꾸어 쓰는 "가려쓰기(使い分け)"도 필요합니다. 하지만 이 가려쓰기가 '**잘 안 된다**'고 발언하고 있고, 이것이 '**설득력**' 있는 PT 과정에 부정적인 영향을 주고 있는 것입니다.

그러나 이 부정적인 영향을 줄이기 위한 행동도 관찰되어 있습니다. 즉, 'TV'의 '**토론방송**'과 '**요리방송**'을 참고로 상술한 가려쓰기에 관하여 '**공부**'하고 있으며, 이것을 반복함으로써 스피치 레벨 쉬프트를 의식화하는 데 좋은 영향을 주어, 경감에 도달하고 있습니다. 한편, 상술한 가려쓰기를 할 때, 같은 업계의 '**현장**'에서 사용되고 있는 표현을 함께 사용하였더니, '**현장감**'이 높아져 '**좋은 분위기가 되었다**'라고 증언하고 있는 것처럼, 전문적 지식 및 정보를 PT에 첨가하는 것이 '**설득력**' 있는 '**자기 주장**'에 도움이 되고 있다는 것을 알 수 있습니다.

둘째에 대해, 상대방으로부터 시제품에 대한 다양한 제안이 있을 때, 그 제안에 KB6가 유의하며 행동하고 있다, 라는 것에 대해서 논하고자 합니다. 본 데이터에서 제안자가 'a. KB6가 소

속되어 있는 회사 내의 상사'인지, 'b. KB6가 소속되어 있는 회사의 거래처 사람'인지에 따라서 KB6의 행동이 다양화됩니다. 우선, a에 대해서 KB6는 PT 중에 상사로부터 시제품을 **'보다 좋게 하기 위한'** 개선사항에 관한 **'제안'**을 받는 경우가 있습니다. 그때 상사가 사용하는 표현으로서, **'してください''しろ'** 등과 같은 **'명확한'** 표현보다는 **'やったほうがいいと思う''これはいかがですか'** 등의 표현이 많이 사용되고 있습니다. 이러한 데이터로부터, KB6와 상사 사이에, 개선사항의 실행 유무에 관한 서로 다른 인식이 발생할 가능성이 있으며, KB6는 이 점에 유의하고 있다는 것을 알 수 있습니다.

다음으로, b에 관해, PT의 장소에서 KB6가 제작한 시제품에 대해 개선사항을 적용한 2번째의 시제품을 만들 경우도 있습니다. 구체적으로 PT에 참가하고 있는 다른 회사 사람이 스스로 2번째의 시제품 만들기를 제안했을 때, **'(특정 밥그릇에 대해)こちらで作らせていただきます'**라고 말하고 있습니다. 이 표현에 대해 KB6는 **'사역에 의한 최고 레벨의 경어'**를 **'사용하거나''듣거나'** 하면 **'이해하기 어렵다'**고 증언하고 있습니다. 즉, KB6가 상대와 회화할 때, 경어(특히 겸양어)가 사용되면, 그 의미의 이해가 잘 되지 않는다는 것을 알 수 있습니다. 그러나 그때, **'확인'**을 **'중요'**시하고 있으며, 이것을 반복하고 있습니다. 특히, b와 관련하여 **'この茶碗はそちらで作りますね'**라고 경어를 사용하

지 않고 확인을 하고 있으며, 이러한 확인방법을 사용하여 a와 b에 대처하고 있습니다.

상술한 데이터 분석을 통해 KB6는 다양한 JB를 상대로 PT를 진행하는 과정 속에서, 첫째, 몸 동작과 손 동작(양손으로 시제품을 건네주는 동작)이 관찰되어 있으며, 이것이 원활한 PT 개시에 긍정적인 영향을 주고 있다는 것이 밝혀졌습니다. 둘째, 스피치 레벨의 신속한 쉬프트와 셋째, 상대방의 제안행동에 대한 이해에 어려움을 느끼고 있는 것도 관찰되었습니다. KB6는 둘째에 대해 미디어를 참고하고 있으며, 이것이 신속한 스피치 레벨 쉬프트의 의식화에 기여하고 있다는 것을 알았습니다. 셋째에 대해서는 경어를 사용하지 않는 확인행동을 생각하여 실행하고 있으며, 이것이 상대방의 제안에 대한 이해에 도움이 되고 있는 것이 관찰되었습니다.

제3절 고찰

3.1 PT를 둘러싼 KB4의 인터액션 행동

상술한 분석결과로부터 KB4는 자료작성 및 요점정리와 더불어, 장소와 표현을 바꿔가면서 의논하고 있는 것이 관찰되었습니다. 이하에서는 이러한 의논 과정에 대해 본 연구의 이론을 사용하여 고찰을 실시하고자 합니다.

먼저, 자료작성 및 요점정리는 KB4가 과거에 PT를 진행하는 과정 속에서 '**실패**'와 '**실수**' '**후회**' 등의 경험으로부터 만들어진 것입니다. 이러한 경험은 KB4가 일본어의 PT와 관련된 문맥— '회의실(셋팅)'에서 '경영진(참가자)'에 대해, PT의 '목적(내용)' 을 어떤 '언어, 스타일(버라이어티)'을 사용하여, '어떤 형식(형 태)'으로 전달할까?—등을 신속하게 운용할 수 없었기 때문에 발생했던 것이라고 파악할 수 있습니다. KB4는 이러한 문맥을 강하게 의식함과 동시에, PT 중에 일어날 수 있는 '**실패**'와 '**실 수**'등을 줄이는 방법을 생각하고 있었던 것입니다. 그 결과, 자 료작성 및 요점정리가 유효한 전략으로 작용했다고 말할 수 있 습니다. KB4에게 있어서 이러한 전략은 PT와 관련된 전문적 지 식 및 정보 등의 정리를 가능하게 할 뿐만 아니라, 경영진과 전 문적 지식에 관한 질의응답을 원활하게 하는 데 효과적으로 작 용했다고 생각됩니다.

다음으로, PT가 원활하게 진행되지 못했던 원인으로서, 가변 적인 문맥을 고려하고 있지만, 그 문맥에 맞는 표현 선택과 신 속한 언어화의 어려움이 밝혀졌습니다. 이것은 KB4와 경영진 사이에 표현 및 행동의 명시적인 의미뿐만 아니라, 문맥상 및 화용상의 의미를 주고받는 과정도 활발하게 진행되고 있지만, KB4에게 있어서 특히 후자의 의미를 통한 질의응답이 어려웠

다고 파악됩니다. 이 때문에 KB4는 PT가 끝난 후, 경영진과 다시 접촉하여 PT자료를 재차 확인하고 있으며, 그때 다양한 표현을 사용하고 있었을 뿐만 아니라, 비언어적인 요소(얼굴의 표정 및 자세 등)도 의식하면서 '**상담**'과 '**의논**'을 행하고 있었던 것입니다. 그 과정 속에서, KB4는 경영진과 함께 어휘에 의한 명시적인 의미(CN-PM)와 더불어, 비언어적 요소를 단서(場面の手がかり)로 하여, '**상호이해**'라고 하는 메타메세지를 서로 주고받기 위한 회화(CN-IM)도 병행되었다고 생각됩니다. KB4가 '**잘 진행되었다**'라고 증언한 것은, 이러한 메타메세지를 이해하는 과정 속에서 '납득의 프레임'이 형성된 것을 가리키고 있다고 말할 수 있습니다.

3.2 PT를 둘러싼 KB6의 인터액션 행동

이하에서는 상술한 3가지의 분석결과—(a.비언어행동), (b.스피치 레벨 쉬프트), (c.상대방의 제안에 대한 확인행동)—에 대한 고찰을 실시하고자 합니다.

a. 비언어행동—몸 동작 및 손동작: 양손으로 시제품을 건네는 동작—에 대해, 이러한 동작이 PT에 한정된 것이 아닐 가능성이 있습니다. KB6에 대한 인터뷰 결과 중, '상담(商談)'과 '회의' 장면에 참가하고 있는 상사에 대해 관련자료를 사전에 배부하는 행위가 관찰되어 있으며, 그때 양손으로 전달하고 있는 동

작이 확인되어 있습니다. 즉, KB6는 PT만을 의식하여 양손으로 시제품을 전달했다기보다는 상대방이 상사라면 양손으로 물건을 전달한다, 라고 해석하는 편이 자연스럽다고 생각됩니다. 다만, 이러한 비언어적인 동작에 연령관계는 확인되지 않았습니다. KB6는 PT가 시작되기 전에 양손으로 시제품을 건네주고 있으며, 이 동작에 대해 상사로부터 '**웃음**'과 함께 '**KB6씨는 항상 양손으로 건네 주네요**'라는 말을 듣고 있습니다. KB6은 이 '**웃음**'으로부터 상대방에게 '**좋은 인상을 주었을**' 뿐만 아니라, 자신이 '**예절 바른 사람**'으로 인식되었습니다. 즉, 상사의 '**웃음**'이 장면의 실마리(場面の手がかり)가 되어, KB6는 상사와 '**좋은 인상**' '**예절 바른 사람**'이라는 문맥상의 의미를 주고받았다(CN-IM)고 생각됩니다. 동시에 PT의 '원활한 진행에 대한 기대'의 프레임이 형성되어, 이것이 PT의 자연스러운 시작에 공헌했다고 말할 수 있습니다.

　b. KB6는 PT 중에 스피치레벨(존경어, 겸양어, 정중어)을 쉬프트해야 할 뿐만 아니라, 현장에서 사용되고 있는 전문용어도 사용해야 합니다. KB6에게 있어서, 이러한 '표현(버라이어티)'은 그릇의 단가결정에 밀접한 관계가 있는 '컬러의 수(점화)'와 '타 부서의 상사와 동료(참가자)', 더욱이 PT가 행해지고 있는 '회의실(셋팅)'을 고려하면서 언어화해야 하는 입장입니다. 그때 스피치레벨을 쉬프트 하는 것은 상하(上下)와 내외(ウチとソト),

친소(親疎)라고 하는 상대(같은 회사의 상사와 거래처의 사람들)와의 관계를 고려하여, 단순히 정중도의 레벨을 올리거나 내리거나 하는 것에 한하지 않습니다. KB6는 자신이 처해 있는 상술한 PT 장면에 적합한 전문용어와 경어 및 정중어 등의 운용이 필요하며, 이를 통해 컬러의 개수를 명시적 의미뿐만 아니라, 화용상 및 문맥상의 의미로도 전달할 수 있어야 합니다. 그러나 특히, 스피치레벨을 쉬프트하면서 후자의 의미를 전달[9]하는 것이 어려웠다고 말할 수 있습니다. 이에 대해 KB6는 요리방송과 토론방송의 미디어를 통해서 운용과 관련된 리소스를 수집하고 있으며, 이것을 언어화하는 전략을 사용하였습니다. 이로 인해, 컬러의 개수를 둘러싼 '**자기주장**'을 적절하게 강조하면서 '**설득력**' 있는 PT의 자립적인 운용에 자신감을 가질 수 있게 되었다고 생각됩니다.

c. 상대로부터 시제품의 개선사항에 관한 제안을 받았을 때의 KB6의 행동입니다. 이에 대해서는 '①같은 회사의 상사'인지, '②거래처 사람'인지에 따라 행동이 다르게 나타났습니다. 먼저, ①의 경우, 상사는 '**してください**''**しろ**' 등과 같은 '**명확한**' 표현이 아닌 '**やったほうがいいと思う**''**これはいかがです**

---

9) 스피치레벨 및 운용에 의한 화용상 및 문맥상의 의미전달에 대해서는, 네우스토프니(ネウストプニー 1993)와 우사미(宇佐美 1998, 2001)를 참조해주시기 바랍니다.

か'라는 표현을 자주 사용하고 있습니다. 이러한 표현이 KB6에게 있어서 개선사항의 실행 유무를 파악하는 데 불명확하게 작용하고 있고, 이것에 유의하고 있습니다. ①을 둘러싸고 KB6는 사전적이고 명시적인 의미의 전달을 시도하고 있는 반면, 상사는 문맥상 및 화용상의 의미전달을 시도하고 있는 것이 엿보입니다. 한편, ②에 대해 KB6는 개선사항을 반영한 두 번째의 시제품 제작을 둘러싸고, 거래처 사람들이 'こちらで作らせていただきます'라고 말할 때가 있습니다. 이때, KB6는 상대를 높게 대우하는 겸양표현의 생성 및 산출에 어려움을 느끼고 있습니다. 그러나 ①과 ②에 의한 어려움을 신속하고 적절하게 해결하기 위하여 'そちらで作りますね'라는 경어를 사용하지 않는 확인요구를 사용하고 있으며, 이것이 어려움 해결에 도움이 되고 있습니다.

[표 20] PT에 관한 고찰결과

고찰의 초점	KB4의 자료작성과 요점정리의 과정	KB6의 a. 비언어적 행동 b. 스피치 레벨 쉬프트 c. 상대방의 제안에 대한 대처
회화상의 역할교섭	-	-

150

회화상의 교섭	'CN-PM' 'CN-IM' 'CN-EM'	a. 'CN-IM'
메타메세지	상호이해	a. 예절 바른 사람, 좋은 인상
장면의 실마리	비언어적 요소 (얼굴표정, 자세 등)	a. 웃음
프레임	납득	a. PT의 원활한 진행에 대한 기대
전략	자료작성, 요점정리	c. 경어를 사용하지 않는 확인전략
인터액션능력	자료작성과 요점정리에 필요한 능력(관련 정보와 어휘 정리)	a. 양손으로 시제품을 건네주는 동작 b. 스피치 레벨(존경어, 겸양어, 정중어)의 쉬프트, 미디어(요리, 토론 방송) 참조 c.경어를 사용하지 않는 확인
8가지의 커뮤니케이션 항목	회의실(셋팅), 경영진(참가자), PT의 목적(내용), 언어 · 스타일 (버라이어티), 형식(형태) 등	a. 회의실, 상사, 타사직원, 일본어 등 b. 표현(버라이어티), 컬러의 개수(점화), 타 부서의 상사와 동료(참가자), 회의실(셋팅), 일본어 등 c. 같은 회사 사람, 타 회사 사람

제8장

관련 학술분야에 대한 제언

본 서에서는 한일 비즈니스 장면에 나타난 일본어의 인터액션 행동과 관련하여, '일본어 사용 시에 나타나는 문제와 대처 행동''스트레스와 경감행동''식사 권유행동''프레젠테이션 과정' 등에 관하여 분석 고찰하였습니다. 이하에서는 그 결과를 가지고 일본어교육학(특히, 비즈니스 인터액션 교육)의 이론과 실천(実践), 그리고 사회언어학에 대해 제안하고자 합니다.

제1절 일본어의 비즈니스 인터액션 교육에 대한 제언

일본어에 의한 비즈니스 인터액션 교육의 가장 큰 특징은 교실과 실제의 비즈니스 장면을 연결하려는 것이라고 말할 수 있습니다. 이 때문에 그 교육은 어휘, 문장, 문법, 경어 등의 언어 사용부터가 아니라, 비즈니스 장면의 인식부터 시작된다, 라는 생각을 가질 필요가 있습니다. 회화나 커뮤니케이션 중심의 일본어교육에서는 그 자체가 교육의 목표이기 때문에, 그것이 행해지는 장면이 미리 제공되거나, 언급하지 않아도 문제되지 않습니다. 예를 들어, 다양한 '비즈니스 일본어'교재에 자주 등장하는 '자기소개'의 경우, 학습자는 미리 설정된 장면에서 'はじめまして, 東京物産の○○○と申します. よろしくお願いいたします.' 등과 같이 사전에 준비된 내용을 학습하게 됩니다.

그러나 실제의 비즈니스 상황에서 외국인인 한국인 일본어 화자(학습자 포함)는 만나는 모든 일본인 비즈니스 관계자에게 자기소개를 하지는 않습니다. 비즈니스 인터액션 교육에서는 자기소개와 같은 실질행동을 미리 설정하지 않고, 한국인 일본어 화자에게 일본인 비즈니스 관계자와의 만남 속에서 무엇이 중요한 요소인가를 스스로 느끼고 생각하게 하는데 역점을 둡니다. 왜냐하면, 자기소개의 비즈니스적 의의는 회사와 분야 및 업종 등에 따라 다양하기 때문에, 교재의 장면만 제시할 경우, 한국인 일본어 화자 중에는 '일본의 비즈니스 현장에서는 왜 모두가 똑 같이 자기소개를 하는가?' 등의 의문을 가지는 사람이 있을 수 있기 때문입니다. 장면을 바르게 인식하고 상대와 적극적인 관계를 구축하면서 비즈니스의 목적을 달성하기 위해서는 언어능력뿐만 아니라, 사회언어능력과 사회문화능력을 같이 생각하면서 조성(調整)해 나가야 한다고 생각합니다[미야조애 웡(宮副ウォン 2003, 2005) ; 정규필(鄭圭弼 2008, 2013b) ; 사우쿠엔(감수)외4명(편저)(サウクエン(監修)他 4 名(編著) 2014)등]. 이러한 입장에서 보다 상세히 제안하면 다음과 같습니다.

(1) '8가지의 커뮤니케이션 항목'에 관한 토의 및 토론의 제안

일본어 학습자가 원하는 비즈니스 장면의 실질행동(다양한 업무)을 실러버스(syllabus)의 중심과제로 설정하고, 그 실질행

동과 관련된 '8가지의 커뮤니케이션 항목'에 대해 교실 내에서 토의 및 토론을 실시할 것을 제안합니다.

본 연구를 통해, 비즈니스 장면에 나타난 인터액션 능력은 실질행동과 관련된 '8가지의 커뮤니케이션 항목'을 인풋(Input)으로 한 복잡한 구조인 것으로 밝혀졌습니다. 예를 들면, 프레젠테이션을 성공시키기 위하여, 그 프레젠테이션과 관련된 목적, 참가자, 내용 등의 동적인 문맥을 신속하고 적절하게 고려하면서, '자료정리' '요점정리' '경어를 사용하지 않는 확인전략' 등을 언어화하고 있는 과정을 들 수 있습니다. 또한 부동산의 '물건파일의 수정 및 전달'에 관련된 룰에 대한 운용 능력의 부재로 인하여, '자기반성'과 '스트레스'와 더불어 '동료에 대한 미안함'도 들 수 있습니다.

한편, 선행연구에 대한 필자의 조사에 의하면, 커뮤니케이션 능력을 분석대상으로 삼고 있으나, 그것이 어떠한 실질행동에 관련된 룰과 문맥의 인풋에 의한 것인가에 관한 언급이 되어 있지 않은 연구[시마다 · 시부카와(島田 · 澁川 1998, 2000 등)]도 있어, 이러한 연구에서의 커뮤니케이션능력은 무엇을 달성하기 위한 것인지 알 수 없습니다. 따라서, 일본어의 비즈니스 인터액션 교육에 있어서, 실질행동과 이것을 둘러싼 '8가지의 커뮤니케이션 항목'에 대해 학습자 스스로가 가지고 있는 생각과 의식 등에 관한 토의 및 토론을 교실 내에서 실시하는 것은 의의가 있다고 생각됩니다. 뿐만 아니라, 그 과정 속에서 본 연구의 실질행동과 8가지의 항목을 병행하여 제시한다면, 실증적인 일본어의 비즈니스 인터액션 교육이 될 것으로 생각합니다.

(2) '3타입의 회화상의 교섭' 및 '전략(ストラテジー)'의 유용성에 대한 제안

'3타입의 회화상의 교섭' 및 '전략'을 실질행동의 수행수단으로서 인식하고, 각 교섭과정에 관한 토의 및 토론을 실시하면서, 전략의 유용성을 교실 내의 활동에 접목시키는 것을 제안합니다.

본 연구를 통해서, 6명의 한국인 비즈니스 관계자는 다양한 일본인 비즈니스 관계자와 협동으로 실질행동을 수행하기 위해 자립적으로 어휘와 표현, 그리고 행동을 조정(調整)하면서 다양한 전략을 사용하여 '언어상의 의미' '인터액션의 의미' '전문적 지식의 의미'와 관련된 회화상의 교섭('CN-PM' 'CN-IM' 'CN-EX')을 실시하고 있는 과정이 관찰되었습니다. 그 속에서 스트레스의 경감뿐만 아니라, 프레젠테이션을 성공한 것과 식사 권유, 상사에 대한 자료요구와 업무분담 등, 다양한 실질행동을 수행하고 있는 것으로 밝혀졌습니다. 이를 근거로 비즈니스 접촉 장면에 나타난 '3타입의 회화상의 교섭'과 '전략'의 유용성을 인정하고, 교실 내의 활동에 포함시키는 것을 제안하고 싶습니다. 이러한 활동을 도입함으로써 장래에 비즈니스 인터액션 학

습자가 한국 또는 일본에서 비즈니스 관계자의 일원으로서 실제의 비즈니스 현장에서 자립적이고 주체적으로 일본인 비즈니스 관계자와 함께 다양한 일을 일본어로 적절하게 수행할 수 있을 것으로 생각합니다.

(3) '회화상의 역할교섭'에 대한 제안

'회화상의 역할교섭'까지 토의 및 토론을 발전시키면서 관련된 표현 및 행동도 교실 내의 활동에 접목시키는 것을 제안합니다.

본 연구의 조사협력자가 실질행동(다양한 업무)을 수행하기 위하여, '3타입의 회화상의 교섭'을 행하는 과정 속에서 그 실질행동과 관련된 전문적 지식 및 정보, 처리경험 등의 다양성에 의해 힘(power) 관계가 불균등하게 변용되는 과정이 관찰되었습니다. 뿐만 아니라, 그때 비즈니스상의 역할과는 다른 '회화상의 역할'이 교섭 및 구축되어 이것이 업무의 원활한 수행에 중요한 역할을 하고 있다는 것도 판명되었습니다. 이와 더불어, '스트레스의 경감'과 '식사 권유'의 성공에도 기여하고 있다는 것이 밝혀졌습니다. 이러한 연구결과를 근거로, 교실 내의 활동에 있어서 일본어 학습자에게 비즈니스 인터액션 능력은 실질행동과 개인에 따라 다양하며, 반드시 일본인 비즈니스 관계자와 정비례하는 것은 아니다, 라는 점을 실증적 데이터를 통해 전달할 필요가 있다고 생각합니다. 그때 실질행동과 관련된 전문적 지식을 '전략'으로 사용한다면, 일본인 비즈니스 관계자와 대등한 관계를 구축할 수 있고, 동시에 다양한 업무가 보다 더 수행하기 쉬워진다, 라고 하는 것을 교육할 필요가 있다고 생각합니다. 예를 들면, 본 연구에 나타난 '스트레스경감' '식사 권유' '프레젠테이션' 등의 인터액션 및 회화상의 역할교섭 과정을 제시한다면, 보다 효과적인 일본어의 비즈니스 인터액션 교육이 될 깃으로 기대합니다.

(4) 비즈니스 인터액션에 관련된 '미디어 리소스'의 사용에 관한 제안

본 연구의 조사결과와 분석 및 고찰의 결과로부터, 조사협력자 중, KB4, KB5, KB6는 영화 및 드라마, 뉴스, 요리방송, 토론방송 등 다양한 미디어를 리소스로 사용하여 자기자신의 인터액션능력을 자립적으로 높이고 있는 모습이 관찰되었습니다.

그 이유는 비즈니스 인터액션 능력의 사용상의 어려움에 의한 실패, 동료들에 대한 미안함, 스트레스의 경감뿐만 아니라, 비즈니스 장면에 나타난 인적 네트워크의 형성과 유지 및 강화에도 중요한 역할을 하고 있으며, 다양한 업무의 원활한 수행에 긍정적인 영향을 주고 있기 때문입니다. 일본어 교육에 미디어를 활용한 연구로서, 일본의 영화를 감상하고 전자메일의

교환에 의한 인터액션[미야조애 웡·요시무라(宮副ウォン·吉村 2005)]을 들 수 있습니다. 이 연구는 학교와 교우영역에 초점이 맞춰져 있으며, 메일교환에 의한 '우인네트워크'가 형성되어, 이것이 '즐거운 일본어에 의한 사교(事交)'[미야조애 웡·요시무라(宮副ウォン·吉村 2005:281)]를 가능케 하고 있다는 성과가 보고되어 있습니다. 이러한 연구를 응용한다면, 미디어를 활용한 비즈니스 인터액션 교육도 가능할 것으로 생각합니다. 다만, 응용할 때 비즈니스 인터액션 능력은 실질행동 수행상의 평가와 더불어, '과정(performance)에 직결하는 냉엄함이 동반'된 것이기 때문에, '프로페셔널한 일본어'[정규필(鄭圭弼 2010a : 122)]가 요구되고 있다는 지적을 염두에 두어야 할 것입니다.

이 때문에 활용할 리소스의 선택과 접목방법 등에 관하여 깊이 생각할 필요가 있으며, 이 과정을 거친 리소스를 교실 내의 활동에 포함시킨다면 일본어 학습자에게 있어서 실제의 비즈니스 장면에서 사용되고 있는 인터액션능력의 인풋(Input)이 될 것입니다. 뿐만 아니라, 장래에는 일본어로 활동하는 비즈니스 관계자의 일원으로서, 자립적으로 인터액션능력을 계속 높일 수 있는 기회를 만들 수도 있습니다. 이러한 행동이 축척되면 될수록, 일본인 비즈니스 관계자와 협동으로 다양한 비즈니스를 보다 원활하게 추진할 수 있다고 생각합니다.

(5) 'JF 일본어교육 스탠더드' 와의 응용가능성에 대한 제안

일본의 국제교류기금은 오랜 기간 동안 축척한 'CEFR' (Council of Europe 2001, 2004 등)의 CDS(Can-do-Statements) 에 관한 연구업적에 기인하여 '상호이해를 위한 일본어'라고 하는 이념에 근거한 'JF 일본어교육 스탠더드 2010'(이하, JF 스탠더드라고 함)을 개발하였습니다.

구체적으로 '언어능력(communicative language competences)' 과 '언어행동(communicative language activities)'을 개발하여, 일본어로 무엇을 어떻게 할 수 있는가? 'Can-do'를 예시한 것입니다. 언어의 숙달도를 '~을 할 수 있다'라는 형식으로 기술한 6가지 레벨의 문장이 있으며, 레벨마다 무엇을 어떻게 할 수 있는가가 기술되어 있습니다. 언어숙달의 특정단계에서 할 수 있는 '언어능력'과 '언어행동'을 53개로 카테고리화하고 있습니다.

'언어능력'에는 '언어구조적 능력' '사회언어능력' '화용[語用]능력'이 포함되어 있으며, 또한 각각에 하위분류가 설정되어 있습니다. 이것들을 조합하여 '전략(방략)' '텍스트' '산출' '수용' '주고받기(やり取り)'의 '언어활동'을 할 수 있다, 라고 하고 있습니다. 예를 들면, '프레젠테이션을 실시한다'라는 산출과 관련된 언어행동의 예가 있고, 이것이 6개의 레벨마다 무엇을 어떻게 할 수 있는가? 또한 각 레벨의 수행에 필요한 언어능력

이 언급되어 있습니다. 이처럼 JF 스탠더드를 교육현장에서 사용한다면, 학습자의 일본어 숙달도와 니즈(needs)를 파악할 수 있습니다. 다만, 금후 발전시켜야 할 점도 있습니다. 즉 53개의 카테고리는 예시로서, 망라된 것이 아니라는 점과 '전문적 지식에 관한 예시는 기술되어 있지 않다'라는 점입니다(JF 스탠더드 2010 : 15).

상술한 내용을 고려하여 JF 스탠더드와 본 연구의 응용가능성에 대해 다음과 같이 생각할 수 있습니다. 먼저, JF 스탠더드의 '언어활동'과 본 연구의 '실질행동'은 실사회 속에서 발생하고 있는 다양한 행동이라는 점에서 같습니다. 본 연구에서 살펴본 실질행동은 비즈니스 영역에 특화된 것으로, 이것을 JF 스탠더드의 카테고리에 추가할 수 있습니다. 뿐만 아니라, JF 스탠더드의 '언어능력'과 본 연구의 '인터액션능력'— '언어능력' '사회언어능력' '사회문화능력'—을 비판적으로 비교분석하여 그 공통점과 상위점을 밝히는 것이 최우선사항이라고 말할 수 있습니다.

공통점에 대해 먼저, '언어구조적능력'(JF 스탠더드)과 '언어능력'[네우스토프니(ネウストプニー 2002)]은 문법, 음성, 어휘 등의 생성능력인 점에서 같습니다. 다음으로 JF 스탠더드의 '사회언어능력'과 '화용[語用]능력'은 각각 '상대와의 관계와 장면에 맞게 적절하게 언어를 사용하는 능력'과 '말(어휘)을 조합하

163

거나 역할과 목적을 이해하는 능력'이라고 정의되어 있습니다
(JF 스탠더드 2010:9). 이에 비해, 본 연구의 '사회언어능력'은
'8가지의 커뮤니케이션 항목'[Hymes 1972 : 네우스토프니(ネ
ウストプニー 1982)]을 운용하면서, 이것을 언어화하는 능력으
로, 이 항목은 JF 스탠더드의 '사회언어능력'과 '화용능력'을 보
다 구체화 할 수 있는 가능성을 공통점으로 들 수 있다고 생각
합니다.

한편, 상위점에 대해서 상술한 것처럼 JF 스탠더드에 있어서
전문적 지식에 관한 예시가 기술되어 있지 않다는 것은, 본 연
구의 사회문화능력과 같은 개념이 확립되어 있지 않다, 라고 말
할 수 있습니다. 이로 인하여, 사회문화능력의 개념을 응용하여
JF 스탠더드의 카테고리에 추가할 수도 있다고 생각합니다. 본
연구의 고찰결과에 기인하여 각 실질행동의 수행과정별로 '인
터액션능력'[네우스토프니(ネウストプニー 2002 ; 정규필=鄭圭弼
2010a, 2012)]과 '회화상의 교섭 및 회화상의 역할교섭'[미야조
애 웡(宮副ウォン 2003, 2005) ; 정규필(鄭圭弼 2008, 2013b)]을
분류하고, 이러한 것들을 Can-do로서 교육현장에서 사용할 수
있다고 생각합니다.

제2절 사회언어학에 대한 제언

사회언어학은 언어가 사회와 어떠한 관계가 있는가를 연구하는 학문이라고 말할 수 있습니다[자토라우스키(ザトラウスキー 1994) ; 스기토 (杉戸 1998)]. 일본(어)의 사회언어학에 대해서 스기토(杉戸 1998)는 a.속성집단과 말, b.언어생활, c.언어의식, d.호칭의 체계와 구조, e.언어형식과 인간관계로 분류할 수 있다고 합니다. a에서 d까지와 관련된 연구는 '사회라고 하는 실체를 이미 갖추고 있는 것'으로, 이런 의미에서 '사회와 언어를 대치(対置)'[스기토(杉戸 1998 : 62-63)]하고 있으며, 이것에 관한 양적인 연구가 풍부하게 축적되어 있다고 논하고 있습니다. 이에 비해, e와 관련된 연구는 '언어행동을 대인행동으로서 재파악하려는 자세로부터 출발'하고 있으며, 그 '대인행동에 따라, 그때마다 출현하는 대인관계를 〈사회〉로 파악하려고 한다'[스기토(杉戸 1998 : 62)]라고 하는 점에서 다릅니다. 이처럼, e를 '언어와 사회가 유기적인 관계'[스기토(杉戸 1998 : 63)]로 파악하고 있으며, 말의 사용과 행동의 개별성 및 다양성을 적극적으로 평가하는 경향이 나타나 있습니다. 더욱이 이러한 유기적인 관계는 'interactional sociolinguistics(인터액션의 사회언어학)(Gumperz 1982)'에 의해서 파악할 수 있다고 하고 있으며, 이에 대한 질적인 연구의 중요성을 언급하면서도 그 축적은 매우 빈약하다고 지적하고 있습니다[스기토(杉戸 1998 : 64)]. 네우스토프니(ネウストプニー 1999)는 3가지의 인터액션능력─'언어능력' '사회언어능력' '사회문화능력'─의 각각에 대한 사회언어학적인 연구와 더불어, 이 3가지 능력이 어떻게 서로 관련되어 있는가? 그 프로세스에 관한 '인터액션의 사회언어학(Gumperz 1982)'의 연구도 중요하다고 지적하고 있습니다[네우스토프니(ネウストプニー 1999 : 6)]. 본 연구는 '인터액션의 사회언어학'[Gumperz 1982 ; Tannen 1992 ; 자토라우스키(ザトラウスキー 1994)]에 의한 비즈니스 장면에 나타난 일본어의 인터액션 행동에 관한 연구로서 이하의 2가지 사항을 제안하고 싶습니다.

(1) 인터액션 인터뷰 사용에 대한 제안

인터액션 인터뷰는 본 연구의 '제2장 조사방법'에서 분석한 바와 같이, 연구자에 의한 데이터 수집이 어려운 실제 과거의 장면 속에 있었던 참가자의 표현 및 형동, 의식 등을 조사하는 도구입니다. 그러나 이 특징을 이용한 비즈니스 장면에 관한 선행연구는 매우 적습니다. 물론, 다른 여러 형태의 질문방법도 인터액션 조사를 목표로 하고 있겠지만, 가정적인 질문에 대한 대답을 데이터로 사용하고 있는 연구가 대부분으로, 실제의 인터액션을 반영하고 있다고는 말하기 어렵습니다. 또한 인터액션 인터뷰의 특징은 상술한 것에 한하지 않습니다. 본 연구의 실질행동(다양한 업무) 중, '스트레스와 경감행동' '식사 권유'등 에는 상사와 부하의 힘(power) 관계와 이것의 불균등한 변용이 보이지 않는 형태로 내재되어 있으며, 이것이 인터액션 인터뷰 에 의해 그 일부가 확인되었습니다. 이러한 힘 관계의 불균등한 변용은 '언어와 사회가 유기적인 관계'[스기토(杉戸 1998)]임을 가리키고 있다고 말할 수 있습니다. 이러한 실제의 비즈니스 장 면 속에 나타난 변용과정은 인터액션 인터뷰에 의해서만 관찰 가능하며, 이러한 조사방법을 적극적으로 응용한다면 사회언어 학의 비즈니스 인터액션 영역을 더욱더 발전시킬 수 있다고 생 각합니다.

(2) 비즈니스 역할을 통한, 비즈니스 인터액션에 관한 분석 및 고찰 의 제안

위의 변용과정은 실제의 사회문화적 문맥 속에서 한국인 비 즈니스 관계자의 일본어 사용에 관한 분석 및 고찰을 실시할 때, 대인적 측면(비즈니스상의 역할: 사원, 과장, 부장, 사장, 사는 사 람, 파는 사람 등)을 포함시켜, 이러한 것들에 의한 사회와 인간 관계를 있는 그대로 파악한 결과입니다. 이것은 실제의 업무 수 행 과정 속에서 발생하고 있는 일시적인 대인관계(회화상의 역 할)를 포함시킨 상호적이고 협동적인 사회관계가 일본어에 의

해서 나타나는 메카니즘[자토라우스키(ザトラウスキー 1994) ; 스기토(杉戸 1998) ; 미야조애 웡(宮副ウォン 2005) ; 정규필(鄭圭弼 2008, 2013b)]을 의미합니다. 따라서, 언어를 분석할 때, 비즈니스상의 역할과 대인관계의 요소를 포함시켜, 이러한 것들을 통해서 인터액션상의 사회와 대인관계를 해명하고 그 결과를 사회언어학에 덧붙인다면 질적인 발전에 이바지할 것이라고 생각합니다.

제9장

결론

본 서에서는 한일 간에 비즈니스와 관련된 다채로운 상호교류와 더불어 주목받고 있는 '비즈니스 일본어'에 대해 재고(再考)하고, 발전시킬 사항을 지적하였습니다. 그런 다음 이 사항을 구체화하기 위한 '일본어의 비즈니스 인터액션'에 관하여 분석 및 고찰을 실시하였으며, 그 결과를 근거로 일본어교육학과 사회언어학에 대해 제안하였습니다. 이 과정을 정리하면 다음과 같습니다.

첫째, 한국과 일본 간의 비즈니스와 관련된 상호교류과정에 대해 개관한 다음, '비즈니스 일본어'에 대한 관심이 높아지는 현상을 지적하였습니다. 이로 인해, 둘째, 한국 내에서 시판되고 있는 '비즈니스 일본어'와 관련된 10권의 교재를 분석하였습니다. 그 결과, 적절한 '학습자의 니즈(needs) 파악'이 되지 않은 상태에서 '가정적으로 만들어진 비즈니스 회화데이터'를 통해 '경어 사용에 치중'하거나, '문법능력 향상'에 편중되어 있는 것으로 나타났습니다. 또한, 다양한 비즈니스 현장에서 '일본어를 사용함으로써 느끼는 갈등이나 스트레스에 대한 해소 및 완화 방안'과 '상대방이 행하는 언어 및 비언어를 이해할 수 없었을 때의 대처수단' 등이 고려되어 있지 않은 점도 밝혀졌습니다.

셋째, 이러한 결과로부터 다양한 '비즈니스 일본어' 교재의 목표가 어휘, 문장, 문법, 경어 등을 바르게 사용하기 위한 언어 능력을 높이는 데 있다고 말할 수 있습니다. 그러나 비즈니스 현장에서는 상술한 언어능력뿐만 아니라, 상황(장면) 속에 내재되어 있는 다양하고 가변적인 문맥을 신속하고 적절하게 이해하면서 언어화하기 위한 사회언어능력과 비즈니스(일, 직무, 업무 등)와 관련된 전문적 지식 및 정보, 경험 등을 활용하기 위한 사회문화능력이 복합적으로 요구되는 인터액션의 양상을 띠고 있으며, 이것의 일부가 실증적인 데이터—'한국인 비즈니스 관계자의 일본어 사용 시에 나타나는 문제와 대처행동' '한국인 비즈니스 관계자가 느끼는 스트레스와 경감행동' '한국인 비즈니스 관계자의 식사 권유행동' '프레젠테이션을 수행하기 위한 한국인 비즈니스 관계자의 인터액션 행동'—를 분석함으로써 밝혀졌습니다.

넷째, 상술한 데이터의 분석결과를 근거로 일본어교육학과 사회언어학에 대해 다음과 같이 제안하였습니다. 먼저, 일본어교육학에 관련하여, 한국인 일본어 화자(학습자 포함)가 일본인과 함께 일본어로 비즈니스를 신속하고 적절하게 수행하기 위해서는, 스스로 처해 있는 상황(장면)을 '8가지의 커뮤니케이션 항목'을 통해 이해하는 것이 중요하며, 이러한 과정은 그 비즈니스를 수행하기 위한 언어 및 사회언어, 그리고 사회문화와 관련된 조정 및 전략을 스스로 생각하고 언어화하는 데 도움을 줍니다.

뿐만 아니라, 다섯째, 그러한 조정과정 속에서 한국인 일본어 화자와 일본인이 지니고 있는 비즈니스상의 역할과는 다른, 새로운 잠정적인 회화상의 역할을 구축한다면, 서로 대등한 관계가 형성되어, 비즈니스를 보다 원활히 수행할 수 있다는 것이 밝혀졌습니다.

여섯째, 이러한 비즈니스 인터액션에 관련된 미디어를 리소스로서 사용한다면, 한국인 일본어 화자가 상술한 조정과정을 자립적으로 생각하고 실행하는 데 도움이 되는 것과, 'JF일본어 교육 스탠더드'와의 연계가능성에 대해서도 제안하였습니다.

일곱째, 사회언어학에 대해서는 인터액션 인터뷰를 보다 다양한 상황(장면)에 사용하여 그 속에서의 인터액션과 관련된 데이터를 수집할 것과, 그 데이터의 분석을 통해 인터액션상의 동적이고 가변적인 대인관계를 밝혀, 그 결과를 사회언어학에 환원하는 것이 중요하다고 지적하였습니다.

마지막으로 필자는 2005년부터 2012년까지 일본에서 석사과정과 박사과정을 거치면서 현지에서 비즈니스 활동을 하고 있는 다양한 한국인 비즈니스 관계자와 일본인 비즈니스 관계자를 직접 만나 인터뷰 데이터와 자연회화 데이터를 수집하여 분석해 왔습니다. 그 결과 2013년 7월에 한국에서 『韓日ビジネス場面における日本語のインターアクション行動―実質行動の遂行過程に関する実証的研究―』라는 단행본을 일본어로 출판

하였습니다. 본 서는 이 단행본에 수록된 내용 중, 축적이 빈약한 비즈니스에 관련된 '선행연구'와 인터액션에 관한 연구에서 중요한 부분을 차지하는 '데이터의 수집방법 및 분석방법'에 한하여 일부를 한국어로 번역하였습니다. 그 이외의 데이터와 분석 및 고찰의 내용은 최근에 발표한 논문만을 사용하여 새롭게 수정 및 보완, 추가하였음을 밝혀 둡니다.

참고문헌 · 색인

참고문헌

한국어

가네코 히로유키(2007), 『필드 비즈니스회화 입문편』, (주)시사일본어사

김동완(2012), 『비즈니스 일본어와 매너』, UUP

다카미자와 하지메(1998), 『비즈니스 일본어 I』, 다락원

동아일보(2009. 9. 20.) 「대졸자 정규직 취업률 사상 최악」(東亜日報 「大卒者正規
　　職就職率史上最悪」)(http://www.donga.com/fbin/output?n=200909200017 檢
　　索日 : 2010. 6. 4.)

메구로 마코토, 김옥희, 하야시 요코(2014), 『자신 있게 말하는 New스타일 비즈
　　니스 일본어②』, 동양book

이수길(2008), 『비즈니스 일본어회화와 문서작성』, 사람in

이우석 · 히라야마 타츠미 공저(1983), 『비즈니스 일어회화』, (주)진명출판사

임영철(2009), 「한국에 있어서의 일본어의 위상-중국어와의 비교를 중심으로」,
　　『한국일본어교육학회』 제50회 국제학술발표대회 Proceedings pp.3-16[任栄哲
　　(2009), 「韓国における日本語の位相-中国語との比較を中心に」, 『韓国日本語
　　教育学会』第50回 国際学術発表大会 Proceedings pp.3-16]

일본어교재연구원(편저)(1999), 『비즈니스맨을 위한 일본어 어휘 · 독해』, 도서출
　　판 예가

요네다 류스케 · 후지이 카즈미 · 시게노 미에 · 이케다 히로코 공저(1997), 『商談
　　のための日本語2』, (주)시사일본어

정형 · 고이시 도시오(2002), 『OK비즈니스 일본어회화』, 다락원

최지은(2007),『두발짝 비즈니스 일본어』, 다락원

일본어

石井敏(編)(1997)『異文化コミュニケーション・ハンドブック』有斐閣選書

池田伸子(1996)「日本人ビジネスマンの話し言葉における語彙調査-ビジネスマ
ン用日本語教育システム開発の基礎として-」『日本語教育』88号, pp.117-127

池田伸子(2003)「ビジネス会話における「聞き返し」ストラテジーの使用傾向-ビ
ジネス日本語教育用教材開発の基礎として-」『広島大学留学生センター紀要』
13, pp.37-45

井上逸兵(1999)『伝わるしくみと異文化間コミュニケーション』南雲堂

宇佐美まゆみ(1995)「談話レベルからみた敬語使用-スピーチレベルシフト生起
の条件と機能」『昭和女子大学近代文化研究所』662, 2, pp.27-42

宇佐美まゆみ(2007)「改訂版:基本的な文字化の原則(Basic Transcription System
for Japanese: BTSJ) 2007年3月31日 改訂版」『談話研究と日本語教育の有機的
統合のための基礎的研究とマルチメディア教材の試作』平成 15-18年度 科学
研究費補助金 基盤研究B(2)(研究代表者 宇佐美まゆみ) 研究成果報告書

大崎正瑠(1994)「ビジネス・コミュニケーションを考える」『広島大学日本語教育
学科紀要─文系』26, pp.87-132

大崎正瑠(2006)「日韓異文化コミュニケーションの一研究-在韓国日系企業のア
ンケート調査より-」『東京経済大学コミュニケーション学会』No.24, pp.215-
228

尾崎明人(1993)「接触場面の訂正ストラテジー─「聞き返し」の発話交換をめぐっ
て-」『日本語教育』81号, pp.19-30

嘉数勝美(2010),「『JF日本語教育スタンダード』がめざす日本語能力とは何か」
『早稲田日本語教育学』9号, pp.107-113

金淑美(1995)「韓・日敬語用法の対照研究−話題の人物の待遇を中心に−」『日本
語教育』3号, pp.66-79

現代日本語研究会編(1997)『女性のことば・職場編』ひつじ書房

現代日本語研究会編(2002)『男性のことば・職場編』ひつじ書房

木下康仁(1999)『グラウンデッド・セオリー・アプローチ−質的実証研究の再生』
弘文堂

木下是雄(1997)(ジェトロ・ビジネス・コミュニケーション研究委員会)「世界に通
じるビジネス・コミュニケーション─提言─」日本貿易振興会(ジェトロ)

国際交流基金(2010)『JF日本語教育スタンダード2010利用者ガイドブック』
(http://jfstandard.jp/top/ja/render.do;jsessionid=6819893BAA2D733D829B266
6E3DF86A3 検索日: 2012. 6. 13.)

近藤彩(2007)『日本人と外国人のビジネス・コミュニケーションに関する実証研
究』ひつじ書房

齊藤仁志(2009)「文法外コミュニケーション能力の指導」『現代社会学部紀要』7
巻1号, pp.35-38, 長崎ウエスレヤン大学

サウクエン・ファン(2006)「接触場面のダイポロジーと接触場面研究の課題」『日
本語教育の新たな文脈−学習環境, 接触場面, コミュニケーションの多様性−』
アルク, pp.120-141

サウクエン・ファン(2010)「異文化接触─接触場面と言語」中島平三[監修]西原
鈴子[編集]『シリーズ朝倉〈言語の可能性〉8言語と社会・教育』, pp.75-99

サウクエン・ファン(2011)「第三者言語接触場面と日本語教育の可能性」『日本語

教育』12, pp.42-55

サウクエン・ファン(監修) 吉田千春・武田誠・徳永あかね・山田悦子(編著) (2014)『日本語でインターアクション』凡人社

ザトラウスキー・ポリー(1993)『日本語の談話の構造分析：勧誘のストラテジーの考察』くろしお出版

ザトラウスキー・ポリー(1994)「インターアクションの社会言語学」『日本語学』 13, 10, pp.40-51

島田めぐみ・澁川晶(1998)「外国人ビジネス関係者の日本語使用−実態と企業からの要望−」『世界の日本語教育』8, pp.121-140

島田めぐみ・澁川晶(2000)「アジア5都市の日系企業におけるビジネス日本語のニーズ」『日本語教育』103号, PP.109-118

鈴木有香(2004)『交渉とミディエーション協調的問題解決のためのコミュニケーション』三修社

杉戸青樹(1998)「社会を立ち現われさせることば」『言語』6, pp.58-65

清ルミ(1995)「上級日本語ビジネスピープルのビジネスコミュニケーション上の支障点−インタビュー調査から教授内容を探る−」『日本語教育』第87号, pp.139-152

清ルミ(1997)「外国人社員と日本人社員−日本語によるコミュニケーションを阻むもの」『異文化コミュニケーション』第10号, pp.57-73

田中望・斎藤里美(著)(1993)『日本語教育の理論と実際−学習支援システムの開発−』大修館書店

高見澤孟(1994)「ビジネス・コミュニケーションと日本語の問題−外国人とのコミュニケーションを考える」『日本語学』13(12), pp.30-37, 明治書院

鄭圭弼(2008)「日韓ビジネス上の打ち合わせ場面における会話参加者間の役割交渉」2008年度日本語教育学会秋大会(山形大学 2008. 10. 12.)『予稿集』pp.152-157

鄭圭弼(2010a)「異文化間職務遂行におけるインターアクション－韓国人ビジネス関係者を対象としたインタビューから－」『日本語教育』第51輯, pp.113-126 韓国日本語教育学会

鄭圭弼(2010b)「職場での職務遂行における社会文化規範の管理意識－韓国人ビジネス関係者を対象としたインタビューより－」2010年度日本語教育学会春大会(早稲田大学 2010. 5. 23.)『予稿集』pp.312-317

鄭圭弼(2012)「職場での実質行動遂行時におけるインターアクション－韓国人ビジネス関係者の社会文化規範の管理意識－」『日本語教育』第60輯, pp.151-167 韓国日本語教育学会

鄭圭弼・横須賀柳子・チョウ ロ(2013a)「接触場面での日本語のインターアクション行動－学内と学外に着目して－」2013年度日本語教育学会春季大会パネル発表(立教大学 2013. 5. 25.)『予稿集』pp.57-68

鄭圭弼(2013b)『韓日ビジネス場面における日本語のインターアクション－実質行動の遂行過程に関する実証的研究－』GWORLD

鄭圭弼(2014a)「ビジネス場面でプレゼンテーションをめぐるインターアクション－2名の韓国人ビジネス関係者を対象とした質的分析より－」『日本語教育』第69輯, pp.63-76 韓国日本語教育学会

鄭圭弼(2014b)「職場の食事勧誘過程における会話上の役割交渉－3名の調査協力者を対象とした質的分析より－」『日本近代学研究』第46集, pp117-140 韓国日本近代学会

鄭圭弼(2016)「釜山Ｔ大学校の学生は地元の言語景観調査から何を感じたか―教養科目のレポートを対象とした質的分析より―」『日本近代学研究』第53集, pp105-132 韓国日本近代学会

椿由紀子(2010)「コミュニケーション・ストラテジーとしての「聞き返し」教育―実際場面で使用できる「聞き返し」をめざして―」『日本語教育』147, pp.97-111

西尾桂子(1994)「ビジネス・コミュニケーションと日本語教育」『日本語学』13(12), pp.9-13, 明治書院

西尾桂子(1995)「ビジネス関係者への日本語教育―現状と展望」『日本語教育別冊』86, pp.108-118

ネウストプニー, J. V.(1982)『外国人とのコミュニケーション』岩波書店

ネウストプニー, J. V.(1994)「日本研究の方法論―データ収集の段階」『待兼山論叢』pp.1-24 日本学篇大阪大学文学部

ネウストプニー, J. V.(1995a)『新しい日本語教育のために』大修館

ネウストプニー, J. V.(1995b)「日本語教育と言語管理」『阪大日本語研究』7, pp.67-82

ネウストプニー, J. V.(2002)「インターアクションと日本語教育 – 今何が求められているか―」『日本語教育』112, pp.1-14

フェアブラザー, リサ(2000)「言語管理モデルからインターアクション管理モデルへ」『接触場面の言語管理研究』1, pp.55-65

堀口純子(1997)『日本語教育と会話分析』くろしお出版

本田明子(1998)「職場・会社のなかの呼称―自然談話データにみる事例―」『日本語学』8号, pp.77-82

ホンギファ(2005)『海外進出韓国企業ディレクトリー(上)』KOTRA

洪珉杓(2007)『日韓の言語文化の理解』風間書房

箕浦康子(編著)(1999)『フィールドワークの技法と実際マイクロ・エスノグラフィー入門』ミネルヴァ書房

宮副ウォン裕子(2003)「多言語職場の同僚たちは何を伝え合ったか−仕事関連外話題における会話上の交渉−」宮崎里司/ヘレン・マリオット(編)『接触場面と日本語教育：ネウストプニーのインパクト』明治書院, pp.165-184

宮副ウォン裕子(2005)「多言語職場の会話上の役割交渉」日本語教育学会春季大会(横浜国立大学 2005. 5. 22.)『予稿集』, pp.195-200

宮副ウォン裕子, 吉村弓子(2005)「ヴァーチャル教室の『日本の社会・文化』にかかわる意見の調整―二日港大学間の電子メール交換活動の実践から―」高橋リタ他(編)(2005)『日本研究と日本語教育におけるグローバルネットワーク』香港日本語教育学会・香港城誌大学語大学部, pp.281-292

村上京子(2010)「日本語教育における実証的研究−研究方法と個人差について−」『日本語教育』146, pp.90-102

村岡英裕(2002)「2-8質問調査：インタビューとアンケート」ネウストプニー・宮崎(編)『言語研究の方法』くろしお出版, pp.125-142

村岡英裕(2003)「社会文化能力はどのように習得されるか−社会文化規範の管理プロセスからシラバスの構築へ−」国立国語研究所(編)『「日本語総合シラバスの構築と教材開発指針の作成」論文集第3巻日本語教育の社会文化能力』, pp.458-495

村岡英裕, サウクエン ファン, 高民定(編集)(2016)『接触場面の言語学:母語話者・非母語話者から多言語話者へ』ココ出版

横須賀柳子(2002)「専門的職業に従事する外国人による言語管理」『接触場面に

おける言語管理プロセスについて(Ⅱ)』第38集, pp.87-98

영어

Asaoka, T.(1987), *Communication Problems between Japanese and Australians at a Dinner Party,* Working Papers of the Japanese Studies Centre No.3 Melbourne：Monash University[日本語書籍：浅岡(2002),「ディナーパーティーにおける日本人とオーストラリア人とのコミュニケーション：インターアクション・インタビューの使用」, ネウストプニー, J. V.・宮崎里司(2002),『言語研究の方法：言語学・日本語学・日本語教育学に携わる人のために』, くろしお出版, pp.242-248]

Bateson, G.(1972), *Steps to an ecology of mind.* New York：Chandler Poblishing, Company[日本語訳：佐藤良明訳(1990),『精神の生態学』, 思牽社]

Council of Europe(2001), *Common European Framework of Reference for Languages：Leaming, teaching, Assessment.* Cambridge：Cambridge University Press.

Council of Europe(2004), *Relating Language Examinations to the Common European Framework of Reference for Languages：Leaming, Teaching, Assessment(CEFR)*：A Manual. Council of Europe Langue Policy Divfision.

Gumperz, J.(1982), *Discourse strategies.* Cambridge：Cambridge University Press[日本語訳：井上逸兵・出原健一, 花﨑美紀, 荒木端夫, 多々良直弘(訳)(2004),『認知と相互行為の社会言語学 ディスコース・ストラテジー』, 松柏社]

Gumperz, J.(1992), Interviewing in intercultural situations. In P. Drew and J.

184

Heritage (eds.) Talk at Work, Cambridge. Cambridge University Press, 302-327.

Hymes, D.(1972), "On communicative competence". In Pride, J. B. and Holmes, J.(eds.) *Sociolinguistics*. Penguin Books[日本語訳：唐須教光(訳)(1979),『ことばの民族誌：社会言語学の基礎』, 紀伊国屋書店]

Miyazoe-Wong, Y.(2002), *Conversational negotiation in Chinese-Japanese interaction*：An analysis of workplace communication. Ph. D.thesis. Monash Unversity

Polly, Szatrowski(2004), *Hidden and Open Conflict in Japanese Conversational Interaction*：kurosio syuttpan[日本語訳：ザトラウスキー・ポリー(編)(2004),『日本語の会話の相互作用における隠れたコンフリクトと明白なコンフリクト』, くろしお出版]

Tannen, D.(1987), That's Not What I Meant. Ballantine Books[日本語訳：デボラ・ダネン(著), 田丸美寿々(訳)(1995),『愛があるから…だけでは伝わらない－わかりあえるための話し方10章』, 講談社]

Tannen, D.(1992), Interactional sociolinguistics International encyclopedia of linguistics：3.9-12. Oxford ：Oxford University Press

색인

**'비즈니스 일본어'에서
'일본어의 비즈니스 인터액션'으로**

초판 1쇄 발행 2017년 6월 15일

지은이 정규필
펴낸이 강수걸
편집장 권경옥
편집 정선재 윤은미 문윤호
디자인 권문경
펴낸곳 산지니
등록 2005년 2월 7일 제333-3370000251002005000001호
주소 부산시 해운대구 수영강변대로 140, BCC 613호
전화 051-504-7070 | 팩스 051-507-7543
홈페이지 www.sanzinibook.com
전자우편 sanzini@sanzinibook.com
블로그 http://sanzinibook.tistory.com

ISBN 978-89-6545-424-3 93730

*책값은 뒤표지에 있습니다.
*이 도서의 국립중앙도서관 출판예정도서목록(CIP)은 서지정보유통지원시스템
홈페이지(http://seoji.nl.go.kr)와 국가자료공동목록시스템(http://www.nl.go.kr
/kolisnet)에서 이용하실 수 있습니다.(CIP 제어번호: CIP2017012788)